もう、「的はずれな問い」で時間をムダにしない！

シンプルに人を動かす

5W1H
マネジメント

渡邉光太郎

すばる舎

6人の頼りになる師

　私は、企業の戦略立案・業務改革推進の伴走コンサルティングや、企業研修・ビジネススクール・セミナーの講師などに携わっています。

　これまで多様な業種、さまざまな階層のビジネスパーソンと場を共にし、事業やマネジメントに関する課題や問題意識を議論させていただいています。

　前著の『シンプルに結果を出す人の 5W1H 思考（すばる舎）』はお陰様で、たくさんの人に読んでいただきました。また、関連するセミナーやワークショップも数多く経験させていただきました。

　そんな中、事業リーダーやマネジャークラスの方から、要望や悩みが多数寄せられました。「5W1H 思考」に関すること、関しないこと、両方ありますが、集約すると以下のようになります。

・日常の部下育成や会議の現場での 5W1H の活用法をもっと知りたい
・習ったコーチングを行なっても、議論が深まらない、引き出せない
・多忙な中、よりシンプルでパワフルな部下コミュニケーションをしたい

　こうした声にできるだけ応えようと、形にしたのが本書です。

　今や部下の育成や目標達成支援の主要テクニックとなった「コーチング」。"答え" は現場の当事者である部下が持っているということを前提に、"問い" によってそれを引き出す技術ですが、ただいたずらに、質問の組み立て方やバリエーションを習得しても成果が出るものではありません。たとえば、こんなやりとりです。

部下「お客様についての理解が浅かったからですかね…」
上司「お客様の理解をもっと深めるにはどうしたらいいと思う？」
部下「う〜ん、もっと時間をかけて頑張るしかないですかね…」
上司「…………」

　実際、私もこうした「虚しいコーチング」の場面を多く見聞きしてきました。

　もちろん、コーチングが必要ないということではありません。それどころか、今日のような自己完結で何かを作り上げることが困難な「変化が激しく予測不能な時代」には、周囲の知恵を引き出す"エンジン"となる「問いかける力」が重要なカギとなってきます。

　さらにこの度のコロナショックにより、「あうんの呼吸」や「空気（顔色）を読む」ことが難しいテレワークやリモート会議などが「ニューノーマル（新常態）」になれば、適切な言葉に落とし込む力（言語化力）、シンプルでパワフルな言葉で問いかける力（質問力）の必要性はますます高まってくるでしょう。

　しかし、ただ質問の技法やパターンをたくさん覚えても、前述のように「虚しいコーチング」になるだけです。

　大事なことは、メンバーの状況（課題）や業務（会議など）の場面に応じた、パワフルな問い、言い換えれば、メンバーの思考を深めたり、議論の流れを変えたりできるような、適切な問い（＝パワフル・クエスチョン）がいかに作れるかです。

　こうした「パワフル・クエスチョン」の素が、実は誰もが知っている「5W1H」に詰まっています。

本書はコーチングの技術書や問答集ではありません。身近な**5W1H**の視点を育成マネジメントに活かすための考え方についての本です。5W1Hの本質を理解し、マネジメントのさまざまなシーンで5W1Hをベースとした考え方と問いを適時適切に利用すれば、部下の思考力・成長力もチームの生産性もみるみる上がるはずです。

　I keep six honest serving-men
（They taught me all I knew）；
　Their names are What and Why and When
　And How and Where and Who.
　私には、6人の正直な召し使いがいる。
（私の知りたいことは何でも教えてくれた）
　彼らの名前は、What（何）、Why（なぜ）、When（いつ）、
　そして How（どうやって）、Where（どこ）、Who（誰）である。

　これは前著でも紹介した『ジャングル・ブック』で有名な英国のノーベル文学賞作家、キプリングの『Just So Stories』（日本語訳で『なぜなぜ物語』）という著作の中の詩の一節です。

　キプリングはこの「5W1H」を"6人の召し使い"と言っていますが、私は、マネジャーに苦難を乗り越えるための大きな力を与えてくれる"**6人の頼れる師**"だと思います。

　本書が、激変するビジネス環境に身を置く、すべての現場マネジャーの役に立つことを信じています。

　　　　　　　　　　　　　　　　　　　　　　　　渡邉 光太郎

CONTENTS

プロローグ

シンプル最強のマネジメントツール、「5W1H」を使いこなそう

プレイングマネジャーのあなたへ

予測不能なことが次々起こる、「VUCAの時代」

「VUCAの時代」に必要なマネジメント力とは？

① Vision（大目的）を描く力
② Update する（書き換える）力
③ Connect する（物事や人をつなげる）力
④ Assumption（仮定）を置いて動く力

シンプル＆パワフル＆ポジティブな"問い"が
マネジャーを救う！

優秀なマネジャーは「5W1H」が標準搭載されている

マネジメントに有効な「5W1Hの技術と問い」を
マスターしよう

やみくも&きめうち型のメンバーの頭を整理させるには
業務のプロセスをビジュアルで洗い出してみる
ゴダイチの解説 井津田はどうすればよかったのか？
議論のまとめ方に迷ったら、「プロセスの映像化」！

CHAPTER

2

Where 空間・場所軸

事象の「全体像・重要箇所」
を問う

文書などのレビューも、「"どこ"がおかしいのか」から
「なぜなぜ尋問」が組織のイノベーションを遠ざける

内向き・局所思考のメンバーに大局観を持たせるには
その事象が「影響を受ける/与える範囲」を見渡してみる
ゴダイチの解説 土光はどうすればよかったのか?
VUCAの時代、「遠心力」はさらに重要になる

CHAPTER

3

Who 人物・関係軸

明確な「ターゲット」の
視点を問う

独りよがりの説明に走りがちな自己本位のチームには
「誰が?」「誰に?」「誰と?」で、思考のモードが変わる

CHAPTER

5

What 事象・内容軸

「だから何?・違いは何?」
を問う

装丁　遠藤陽一（デザインワークショップジン）
本文・図版　高橋明香（おかっぱ製作所）
図版作成　クリィーク

シンプル最強のマネジメントツール、「５Ｗ１Ｈ」を使いこなそう

▶プレイングマネジャーのあなたへ

「あれもこれも教えなくちゃいけない。忙しいのに！」
「言われたらやるけど、自分から考えて行動してくれない」
「パワハラ扱いされそうで、厳しく言えない…」

　最近仕事をしていて、こんなふうに思い当たることはないでしょうか。実は、ビジネスの最前線でチームを率いるマネジャーの多くが、このような悩みや課題を抱えています。

　以前のような「あうんの呼吸」「叱ってくれてありがたい」「一緒に達成して旨い酒を飲む」ということがなかなか通用しなくなっている今、マネジャーは、部下マネジメントに対する考え方やその方法を見直さざるを得なくなってきています。まさに「マネジメントのパラダイム転換」が求められていると言っていいでしょう。その背景にはいくつかの理由があります。

　ビジネスパーソンの業務回りの環境に目を向けると、まず、近年推し進められている「働き方改革」の影響があります。「働き方改革」は国をあげての関連法が順次施行されていることもあり、今やどの企業にとっても避けて通れない重要な課題です。加えて、「COVID-19（新型コロナウィルス感染症）の流行」の追い打ちです。このコロナショックは、1929年の世界恐慌にも匹敵するほどの経済的打撃を社会に与え、テレワーク化や会議のオンライン化、稟議の電子化、AIの導入など、「働き方改革」を否応なく、一気に進めざるを得ない大波をもたらしました。

　また、さまざまな背景により、近年の「若い人たちの仕事への向き合い方」が変わってきていることも、その理由に挙げられるでしょう。実際、マネジャーたちからは、「意見を言わないのでつかみどころがない」「当事者意識や上昇志向が弱くなっている」といった声を多く聞きます。

さらに、昨今はパワハラ感度が上がっており、ちょっと強く言うとめげてしまったり、逆切れして訴え出たりする若手も多くなっているということも言われています。

　日本企業の場合、マネジャー（上司）は自分の仕事を抱えつつ、部下の育成も同時にやらなければならない "プレイングマネジャー" の比率が99%を占めています（産業能率大学が2017年に実施した「第4回上場企業の課長に関する実態調査」。アンケートによると、99.2%の管理職がプレイングマネジャーです）。

　このように、マネジャーは、ただでさえ自分自身も忙しい状況の中、組織全体の仕事時間を減らしながら、業績を上げるという一見相反することにチャレンジする必要があります。加えて、それを物理的に離れたリモート環境でやらざるを得ないという状況も今後ますます増えてくるでしょう。まさにマネジャー苦難の時代。いかに従来のマネジメントスタイルを脱却し、より効果的、効率的な育成マネジメントにシフトできるかが重要になってきています。

▷ 予測不能なことが次々起こる、「VUCAの時代」

　ではマネジャーにとって、今後どのようなスキルやマインドが求められるでしょうか。より中長期のマクロ環境変化に目を向けてみると、COVID-19が世界中を覆い尽くした昨今、まさに社会は「**VUCA（ブーカ）の時代**」の真っただ中にあると言えます。

　VUCAとは、もともと1990年代に米国陸軍で用いられてきた造語で、一言でいうと「予測不能な状態」を意味し、最近ではこの言葉を目にすることも多くなりました。

　Volatility（変動性）、Uncertainty（不確実性）、Complexity（複雑性）、Ambiguity（曖昧性）の頭文字からなり、カオス化したビジネス環境を指します。

現代の政治、経済、社会、技術、企業組織、個人のキャリアに至るまで、ありとあらゆるものを取り巻く環境が複雑さを増し、将来の予測が困難な状況にあるのです。以下、要素ごと簡単に見ていきます。

・Volatility（変動性）
　テクノロジー（ビッグデータ・AI・ロボット・IoT・5G など）の進歩とともに、現代のビジネスは急激な変化を遂げています。
　個人の趣味趣向（ニーズ）は多様化し、その変化スピードは速く、市場はどんどん細分化しています。
　一方で、イノベーションが次々に生まれ、テクノロジーの急激かつ複合的な進化は不可能を可能にし、産業構造や就業構造を激的に変化させています。新しいビジネスモデルが次々と勃興すると同時に、古いビジネスや業界はあっという間に淘汰されるという状況になっています。
　たとえば、ほんの 10 数年の間に、SNS の先駆者的存在として隆盛を誇った mixi は衰退し、世界を代表する Facebook の利用率はすでに減少に転じています。LINE や Twitter、Instagram、YouTube などは堅調ではあるものの、最近では WeChat や TikTok などの新しいメディアが次々と出現しています。

・Uncertainty（不確実性）
　政治、経済、市場の環境はグローバル化が進む一方、世界中で大規模な自然災害や気候変動、新型コロナのようなパンデミックが起こっています。また、世界規模で増大している地政学上のリスクなど、今を取り巻く状況は不確実性を増し、将来がどうなるか予測できないような情勢になっています。
　たとえば、この度のコロナショックが、戦後最大、約 1 世紀前の世界恐慌に匹敵するほど世界の経済、社会に影響を与えるものになるとは、そのつい数ヵ月前は誰が予想したでしょうか。一部で言われている「After コロナ」ではなく、「With コロナ」の社会というものを明確にイ

メージできたでしょうか。

・Complexity（複雑性）

　グローバル化やテクノロジーの進化によって、経済や社会が世界規模で複雑に絡み合ってきています。

　さまざまな要素（ヒト・モノ・カネ・コト）が相互に関係し合い、既存の枠組みを超えた事象が発生し、世界のどこかで起こったことが、自分の国や会社に大きな影響を与えています。

　まさに地球の局所で発生したものであるにもかかわらず、コロナパンデミックは地域や国境を越え、全世界にあらゆる面で連鎖反応を引き起こしている状態です。

・Ambiguity（曖昧性）

　Uncertainty（不確実性）とも重なりますが、業界の境目やイノベーションの垣根など、あらゆることが曖昧、不透明な時代になってきています。

　これは同時に、「何が正解、不正解になるか」という「判断の区分」もまた曖昧になることを意味します。0か1かはっきり区別がつかない状況、言い換えると、絶対的に正しい答えが見つからない、あるいは、絶対解が存在すらしない状況なのです。

　新型コロナの流行を受け、まったく異業種のトヨタ自動車、パナソニック、シャープといった大手企業が業界の垣根を越えて、マスク生産に乗り出しているのも、この例と言えるでしょう。

▷「VUCAの時代」に必要なマネジメント力とは？

　こうしたVUCAの時代に必要なマネジメントの能力（要件）とはどのようなものでしょうか。

　それは大きく4つあります。語呂合わせ的に、それを「V・U・C・A」で述べてみます。そしてこれらそれぞれの要素は、本書のテーマである「5W1H」に深く関係しています。順に説明していきましょう。

① Vision（大目的）を描く力

変化の激しい状況（Volatility）で求められるマネジメントの能力の1つめは、Vision（大目的）を描く力です。

変化に対応するきめ細かいアクションが求められる一方で、些末な変化にいちいち心を左右されることなく、ゆるぎない高次の目的（軸）、わくわくするような「未来のありたい姿」を構想し、周囲の者を導く器が求められます。

変化が激しく、何が起こるか不確実な状況では、正確に「予測する」こと自体、もはやほとんど意味がありません。それよりも、自ら未来を「構想する（作り出す）」ことこそが重要になってきます。

そしてこの営みは自分のみならず、マネジャーとして周囲への働きかけにおいても同様です。メンバーに対して仕事の一段上の目的や意義を明確に示して（逆算して）あげる、さらには「生きる意義」を発見させてあげることにも心を注ぐことが期待されます。

変動の激しい時代だからこそ、日頃から「**Why**（何のために）」という問いを自他に投げかけ、ぶれない理想、真の目的や意義を常に意識する姿勢が大切になります。

② Update する（書き換える）力

不確実性の高い状況（Uncertainty）で求められるマネジメントの能力の2つめは、知識と意識をしなやかに Update する（書き換える）力です。「予測できる」という傲慢さやこれまでの前提・経験則を捨て、今ここで起こっている物事をつぶさに観察し・五感で感じ、最新の知識やノウハウを柔軟かつタイムリーに、脳に書き換える"学習"を貪欲に続ける姿勢が求められます。言い換えると、変化していく環境に対し、経験の蓄積を過信せず、どれだけフレキシブルに適合（自己変革）できるかが大切になってくるのです。

米国スタンフォード大学の J・D・クランボルツ教授らが 20 世紀末に提唱したキャリア形成論に「計画的偶発性理論」というものがありま

図表0-1　VUCAの時代、マネジメントに求められる4つの力

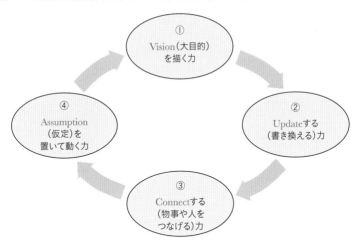

す。これは簡単に言うと、「キャリアは多くの偶発的な要素によって決定される」というものです。

　これは事業や業務を率いるマネジャーにも当てはまります。計画通り物事が進まなくても、1つの方法や方向に固執して可能性を狭めてしまったり、諦めてしまったりするのではなく、とりあえず計画したことを試したら、結果としてそこで起こった「偶発性」を大切に受け止め、方向転換や微調整を"柔軟に"繰り返していく（書き換えていく）スタンスが大切です。「計画的な成り行き任せ」と言ってもいいでしょう。

　これは何も、「自分たちのVision（大目的）を捨てよ」ということではありません。大きなVisionを描きながら（思いを持ちながら）も、「その達成手段や道筋はある程度成り行きにゆだねて、柔軟に変えていってもよい」という、臨機応変なマインドを持つということです。今回の新型コロナ感染症の世界的な蔓延の中で、重視したいメンタリティの一つです。

　そのためのベースとして日常的に持っていたい姿勢は、予測できない不確実な時代だからこそ、今「**What**（何が起こっているか）」を常に注視し、実質的な事象の中身（ファクト）をしっかり把握する（メンバーにもそう指導する）というスタンスです。

③ Connect する（物事や人をつなげる）力

さまざまな事象が複雑に絡み合う状況（Complexity）、先行きが不透明な状況で求められるマネジメントの能力の３つめは、Connect する（物事や人をつなげる）力です。

まず、“物事をつなげて考える” ということが重要です。あらゆる社会事象は、複雑に絡み合っているように見えても、そこには何らかの因果のメカニズムがあるはずです。逆に、ある事象が単独に起きているように見えても、実は何らかの見えにくい要素が影響しているという因果が存在するはずです。

したがって、部分思考に陥ることなく、複数の事象の因果のつながりを冷静に読み解き、自分なりに再構成し、全体を俯瞰してとらえるスタンスが求められます。時間軸、空間軸、人間関係軸、さまざまな次元から全体を見渡し、要素群の関係性（つながり）をとらえることができて初めて、本質的な課題やキーとなる打ち手が見出せるわけです。

次に、“人をつなげて価値を作る” ということが重要です。先行きが不透明な環境下では、優秀なマネジャーといえども、「未知＝知らないこと」だらけです。

こうした中、自分一人だけで、自分の組織だけで、社内だけで、何かを生み出したり、成し遂げたりすることはもはや至難の業だということを認識し、マネジャーには垣根を越えて、創発が生まれる “場” や “空気” を作り、「人と人との脳をつなげる＝大きな脳を作る」ことに力点を置くことがますます求められます。

ハーバード・ビジネススクールのリンダ・A・ヒル教授は、昨今の卓越した企業のリーダー行動に共通項を発見しました。それは、自らは後ろ側に回って多様な異能人材を駆り立て、結びつけ、化学反応を起こさせ、そして集合知を最大化する、まるで「羊飼いのようなリーダーシップ」です。まさにこうしたスタイルこそ、複雑で不透明な時代に必要なマネジメントのあり方と言えそうです。

折しも、「コロナ禍」「5G の出現（VR/ バーチャル・リアリティ、脳内デー

タの移動など）」「SNSの台頭」「DX（デジタル・トランスフォーメーション）への注目」「働き方改革」「LIFE SHIFT」などの事象をつなげ、そしてさまざまな分野のスペシャリストを"Connectする"ことで、これまでにない社会作りに寄与するイノベーションを生み出すことも可能です。すでに、こうした潮流はいろいろな分野で起こりつつありますね。

　日常的に大切なこととしては、広範で複雑な因果事象が起きている時代だからこそ、決め打ちすることなく、「**When**（いつ）」「**Where**（どこで）」「**Who**（誰が）」…つまり、時間軸、空間軸、人間関係軸など、複数の角度から全体を広く俯瞰するクセをつける（メンバーにもそう指導する）ということです。

④ Assumption（仮定）を置いて動く力

　曖昧、不透明な状況（Ambiguity）を前にしたときに求められるマネジメントの能力の４つめは、Assumption（仮定）を置いて動く力です。

　視界不良で、はっきりと正解がわからない状況だからこそ、そこで立ちすくんだり、状況をただ待つのではなく、「こうではないか」という仮定（仮説）を置いて身軽にアクションを取り、速やかに検証し軌道修正していくスピーディーな仕事の進め方がますます大切になってきます。

　たとえば、今日のコロナ禍に対し、「いつか元の通勤型勤務に戻るだろう」「もう少ししたらお客さんも返ってくるだろう」といつまでも静観するのではなく、現実を直視し、「このままリモートワークが常態化するのではないか」「感染症が収まっても、商売がそのまま以前のように回復することはないのではないか。だとしたら何をすべきだろう」と、仮定や仮説を置いて早めに動き出してみるということです。これは②で述べた「計画的偶発性」を活かす上でも重要なスタンスと言えます。

　ピンチをチャンスととらえ、新しいチャレンジをしてみる。たとえば、試作品を作ってみる、ビジネス（商談）をオンライン化・リモート化してみる、説明を動画化してみる、受託生産してみる、モノよりサービスの比重を高めてみる……、いろいろ考えられるはずです。静観派と行動

派の間にはやがて大きな差が出てくるでしょう。

　すでに 20 数年前（1997 年）に、『エクセレント・カンパニー』で知られる米国の経営コンサルタントのトム・ピーターズは、その著書『トム・ピーターズの起死回生（*The Circle of Innovation*）』の中で、「［もはや］距離は死んだ 世界中の人が［オンラインを通して］すでに隣人化している時代である」と語っています。このたびのコロナ禍でそれが顕在化したに過ぎないと言えるのかもしれません。

　つまり日常的には、視界が悪く、解が曖昧な時代だからこそ、「**How（どうするか）**」という Action-oriented（行動志向）なマインドをベースに、「仮定・仮説を置いて、走りながら考えていく（メンバーにもそう指導する」という思考・行動スタイルが有効です。

　以上、改めてこれからのマネジャーに求められる要件を簡潔に示すと、次のようになります。① Vision：ゆるぎないビジョンや夢を描き、② Update：常に柔軟に脳内をアップデートし、③ Connect：広く物事を俯瞰し、周囲と協力し、④ Assumption：仮定を置いて早めに動き出す。

　本書では、このようなマネジメントに役立つ「5W1H」の考え方や方法について、ケースを交えてふんだんに紹介していきます。

▣ シンプル＆パワフル＆ポジティブな"問い"がマネジャーを救う！

　部下を育て、チームを導いていくための直接的なカギは、何と言っても、日常の会議、ミーティング、フィードバック、指導時などにおける"対話"、特に、マネジャーの発する"問いかけ（言葉の投げかけ）"にあります。まして、生の雰囲気や顔色といった"コンテクスト"が読みにくい「テレワーク」や「リモート会議」を増やさざるを得ない業務環境において、言葉に落とし込む力、効果的に問いかけるスキルは今後一層重要になってくるでしょう。

　しかし、ただ（昨今の"コーチングの実践"よろしく）「答えは現場の当事者が持っているはずだ」とばかり、「あなたはどう思うの？」「あ

なたは何がしたいの？」「どうすればいいと思う？」「なぜそうなりたいの？」など、漠然とした問いや常套句をぶつけるだけでは、昨今の若手は考えてくれないばかりか、逃避や反発に走ってしまうことさえあります。

　改めて、冒頭に紹介した部下マネジメントの象徴的な悩み（課題）を示すと、以下になります。

「あれもこれも教えなくちゃいけない。忙しいのに！」

「言われたらやるけど、自分から考えて行動してくれない」

「パワハラ扱いされそうで、厳しく言えない…」

　こうした悩みを解決するためのポイントは、シンプル、パワフル、ポジティブな問い（言葉）です。

・シンプル…簡潔で、あれもこれもではなく１度で済む

・パワフル…自然に思考が深まり、本質的で、説得力がある

・ポジティブ…詰問でなく、寄り添ってくれていると感じられる

　特に大事なのは"パワフル（＝考えさせる、鍛えられる）"です。なぜなら、「育成（教育）」とは、結局、「主体的に考える力」をメンバーに高めてもらうことに他ならないからです（本書はこの点を重視した内容になっています）。これら３つの要素をできるだけ満たすような問い（言葉）を装備することこそが、あなたのようなマネジャーの悩みを解消するカギになります。

　そして、マネジメント、特にチームマネジメントや部下育成に必要な、シンプル、パワフル、ポジティブな思考と質問を生み出すベースが、実は誰もが知っている「5W1H」に凝縮されています。

　と言っても、メンバーの仕事１つひとつについて、「いつ、どこで、誰が、何を、なぜ、どうする？」という「5W1H」の要素を、ただ具体的に考えさせようという単純な話ではありません。

「5W1H」という思考ツールの本質を深く知り、メンバーや場の状況に応じた有効なマネジメントの考え方と問いかけ（言葉の投げかけ）のバ

リエーションを持つ。それを通して、前述のようなマネジャー苦難の時代を乗り越えるために必要な知恵を身につけていただく。これが本書『5W1Hマネジメント』のねらいです。

▷優秀なマネジャーは「５Ｗ１Ｈ」が標準搭載されている

では、「5W1H」という思考ツールの本質を知る、というのはどういうことでしょうか？

それはたとえば、「Why」は「なぜ」という理由を問う疑問詞というだけでなく、思考の抽象度を上げ、「目的」や「あり方」を明確にする思考の"アイコン"として認識しているということです。

「What」「何を」であれば、単に「対象物」とだけ見るのではなく、「そこのあるモノ」「起きているコト」というように、広く意味をとらえます。

そして、「How」は「どのように」と表層的にとらえるだけでなく、「Why」と対極にあり、具体的な手段やアクションへの落とし込みを促すアイコンとして認識していることが重要です。

図表0-2　5W1Hとは？〜基本の問いとさまざまな応用

	基本の問い	応用
When 時間・過程軸	いつ？　いつから・いつまでに？ どれくらいの時間？　どんなプロセスで？	時間、時期、期間、納期、スケジュール（日程）、頻度、スピード、（歴史的）経緯、プロセス、順番 など
Where 空間・場所軸	どこで？	場所、位置、職場、場面、市場、販売チャネル（ルート）など
Who 人物・関係軸	誰が？　誰に？　誰と？ (by who / to who / with who / whomなど含む)	中心人物（担当者）、組織（メンバー）、グループ、役職、人数、相手、顧客（市場）ターゲット、協力者（パートナー）など
Why 目的・理由軸	なぜ？　何のために？	目的、ゴール、あるべき姿、ねらい、価値、コト、意義、背景、理由、原因、見えにくいもの（本質・心）など
What 事象・内容軸	何を？	内容、テーマ（議題）、やること、対象物、モノ、見えやすいもの（現象・形）など
How 手段軸	どのように？	実行手段、方法、段取り、テクニック、媒体、事例、状態 など
How much 程度軸	どれだけ？　いくらで？　どの程度？ (How manyなど含む)	程度、回数、数量、価格、予算・実績、費用 など

また、「When」「Where」「Who」はただ「いつ」「どこで」「誰が」と表層的にとらえるのではなく、それぞれを「時間軸」「空間軸」「人間関係軸」の視点として、物事を俯瞰したり、特定したりする思考を促すアイコンであることを理解している必要があります。

　このように、5W1Hをマネジメントで効果的に活用するためのポイントは、5W1Hの要素、1つひとつの意味（本質）をしっかり理解することです。

　優秀なマネジャーは、次の図のような「**5W1Hの扇子（センス）**」をいつも携え、シンプル＆パワフル＆ポジティブな問い（自問・質問）のタネを用意しています。

　繰り返しになりますが、5W1Hの基本の問いは、When（いつ）、Where（どこで）、Who（誰が）、Why（なぜ）、What（何を）、How（どのように）です。

　この5W1Hを、ただそのままの疑問詞で四角四面に、メンバーの行動管理やチームの活動プラン作成のためだけに使うのではなく、それぞ

図表0-3　視野を広げて、本質にせまるための「5W1H」

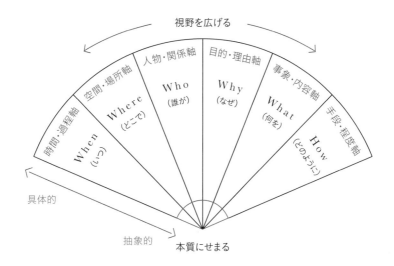

れの要素を、「時間・過程（プロセス）軸」「空間・場所軸」「人物・関係軸」「目的・理由軸」「事象・内容軸」「手段・程度軸」のコンセプトととらえ、場面や状況に応じた有効な考え方や問いを生み出す"エンジン"として活用することが重要です。

▷マネジメントに有効な「5W1Hの技術と問い」をマスターしよう

次章からは、5W1Hの要素に沿って、5W1Hの視点を活かした「問いかけ」を用いて、どのように現場（メンバーやチーム）をマネージできるかを、とある会社の日常風景を例に、具体的に紹介していきます。

とある会社とは、多種多様な製品を扱う、大手の美容健康食品メーカー、「美健社」（架空）です。

全6章それぞれに、部下やチームのマネジメント、会議のリードなどで四苦八苦するマネジャー（課長）が1人ずつ登場します。

CHAPTER1 (When：時間・過程軸) 営業部 一般ルート G（グループ）の井津田（いつだ）課長
CHAPTER2 (Where：空間・場所軸) 人事総務部の土光（どこう）課長
CHAPTER3 (Who：人物・関係軸) 営業部 新規開拓 G の垂賀（たれが）課長
CHAPTER4 (Why：目的・理由軸) 営業部 特販 G の名瀬（なぜ）課長
CHAPTER5 (What：事象・内容軸) 商品企画部の奈仁尾（なにお）課長
CHAPTER6 (How：手段・程度軸) 購買部の殿与（とのよ）課長

そして、悩めるマネジャーたちの、事後の"振り返り"を促す"頼れる師"となっているのが、取締役経営企画部長、剛田一郎（ごうだいちろう）です。

剛田一郎はその名前から"ゴダイチ"と呼ばれ、部門を超えて頼りにされ、親しまれていますが、もう一つの由来は「5W1H（ゴダブリュー・イチエイチ）の名手」との評判から来ています。5W1Hを自在に活用して成果を上げ、かつては無名の中小企業だった美健社を大きくした立役者でもあるのです。

本書では、各章（5W1Hの要素ごと）、それぞれ3つずつ、マネジャーとメンバーとのやりとりの場面をケースとして取り扱います。皆さんの会社でもありがちな状況ばかりだと思います。

各ケースの直後に設けられている説明は、その項で取り扱う有効な「5W1Hの技術」の前振り的な導入、それに続く"ゴダイチの解説"は、既述のように、"イマイチ"なマネジャーたちが"ゴダイチ"と共にケースでの実際の言動を振り返るコーナーに、なっています。

このようにして、本書では5W1Hの要素ごとの「キースタンス（各章のタイトル）」とともに、**18個（6章×各3つ）**の「**5W1Hの技術**」と「問いかけの例」を紹介していきます。オムニバス形式になっているので、どの章から読んでいただいてもかまいません。

図表0-4　本書、各セクション（全18個）の紙面構成

それぞれのケースで、ぜひ皆さんも「課長」になりきって、「自分だったら、どんな問い・指示・指導・進め方（議論の作り方）をするか」を考えながら読み進めてみてください。きっと、VUCA 時代を切り抜けるために、日常のマネジメントの場面で活用できる考え方や問いかけのパターンがいくつもあると思います。

　では、さっそく次章から、5W1H の視点（問いかけ）を活用したマネジメントの技術を具体的に見ていきましょう。

When
「時間的インパクト」を問う

時間をつかさどり、規律と秩序、そして変化を教えてくれる。

──→ 物事の始まりや終わり、その間の過程など、さまざまな切り方・
見方を試すべし。

───────── ゴダイチ

営業部の一般ルートグループの課長である井津田（いつだ）はメンバーの松本と、彼の営業週報を見ながら打ち合わせをしている。

松本「先週訪問した既存客のスーパーＡ社ですが、うちの商品の値段が高くて近隣のライバルに客を奪われてしまっているみたいです。値下げキャンペーンを先方に提案したいのですが…いかがでしょう？」

松本のこの思いつきっぽい意見に対し、井津田はこう返した。

井津田「値下げキャンペーン？　それをやるとどんな影響がありそうなの？　注文は増えそうなの？」
松本「うちの価格を下げれば、Ａ社はもっと注文を乗せてくれるでしょうし、安価なプランを展開すれば、Ａ社以外にも増やしてくれるところは複数あると思います」

と、かぶされてしまった。わが社では高付加価値商材の提案型営業をウリにしているので、松本のこの申し入れにはもちろん、即イエスと言うわけにはいかない。この件はいったん持ち帰ることを伝え、次の話に移った。

井津田「それから、Ａ社からは、うちの商品の入荷が遅いというクレームもたまにあるよな。他にもそういう事案が最近発生しているようだけど、原因はわかったのか？」
松本「どうも注文入力から出荷までの手続きがモタついているようでして…。とりあえず、先方にはよく謝っておきました」
井津田「どんな対策を考えているんだ？」
松本「注文を出す派遣社員さんにできるだけ急いで入力するようにお願いしておきました。少なくとも半日は早く届くと思います」
井津田「もっと早くできないのか？」
松本「今の状態ではこれが精一杯ですよ」
井津田「……（こういう短絡的な考え方のメンバーには、どう対応すればよいのか）……悩」

井津田の問い・指示・指導・進め方などの問題点を考えてみましょう。

"時間ずらし"の仮定

「このままいくとどうなる?」
「今の半分の時間でやるなら?」

CHAPTER

1 When

2 Where

3 Who

4 Why

5 What

6 How

▣ 短絡的な思考のメンバーの視野を広げるには

5W1H の 1 つめの要素は「When(いつ)」。When は「時間・過程(プロセス)軸」のコンセプトです。「When」のとらえ方は多様です。時間軸上の 1 点を指せば "いつ?" という「タイミング」を表しますし、"始め" と "終わり" の 2 点を指せば、"いつから""いつまで(に)" という「期間(時期)」を意味します。特に "終わり(いつまでに)" にフォーカスすれば、「納期、期限」を表します。

さらに、その 2 点間(ある期間)で起こる物事に着目すると、物事の変化の道筋は「プロセス」(その複数のまとまりを「ステップ」「ステージ」「サイクル」などと言ったりします)、そして、物事の変化の度合いは「スピード」となります。このように、「When」を多面的にとらえ、整理しておくと、さまざまに応用が利きます。

▣ 仕事で誰もが、気にする・気になるのが、「時間軸」

さて、基本的なところから始めます。今やメンバーに、「いつまでに」という納期をしっかり伝え、相談や報告の日程マイルストーンを示して(握って)、仕事のプロセスをマネージすること、つまり「時間軸」を意識させるのは当たり前のことです。

では、冒頭のケースの状況と「時間軸」とにどんな関係があるの? と思われた方もいるでしょう。その辺りはあとで触れるとして、次頁のグラフを見てください。調査対象者は 20 代から 40 代のビジネスパーソンです。仕事を行なう上で、5W1H の要素の中で、「①はっきり決めら

れていないと困る要素は？／②はっきりしているとやる気が高まる要素は？」を尋ねたアンケート調査です。

　①の結果はうなずけます。どちらかと言うと、やや受け身的に付与されるような仕事では、What（何をやるのか）とWhen（いつまでに）

図表1-1　仕事をする上で、5W1Hのどれが大事？

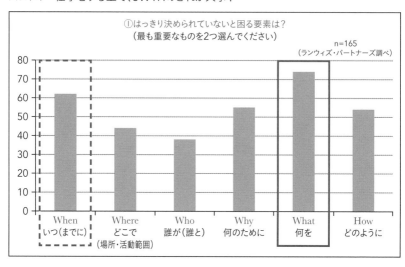

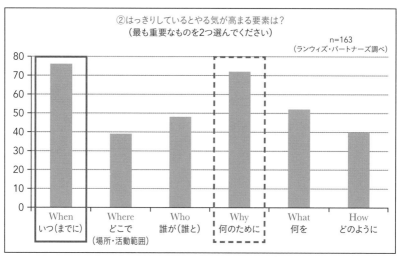

が上位2つになっています。「内容」が決まっていないとやりようがないですし、その上でやはり「期限」が明確に示されていないと、計画が立てられません。何かを任せるときは、少なくともこの2つの要素はしっかり押さえる必要があるということでしょう。

　一方、②については少し意外な印象かもしれません。意欲を高める要素として「Why（仕事の目的やビジョン、自分が行なう意義など）」が上位に昇ってくるというのは納得できます。少なくとも、Whyさえ明確になっていれば、おのずと「何をやるか」や「どのようにやるか」を"自発的に考えるモード"にシフトしやすいでしょう。

　しかし、ここでもなんと1位は僅差でWhen（いつまでに）。「期限」が最も重要ということです。時間軸が決まったとたん、人は自分を駆り立てるポジティブなプレッシャーやエネルギーレベルが高まり、行動に自ら踏み出せるものと言えそうです。

　このように、①②いずれにしても、「**When**：時間軸」を示すことは、仕事を任せる上で、大事な要素であるということが改めて確認できます。

　実際、仕事の指示出しをする際、時間軸（納期）を明確にすることは、メンバーの計画性と意欲を高める上で重要であり、皆さんもすでにやっていることでしょう。

　しかし、ケースのようなメンバーへの指導・育成の場面で、時間軸を意識させることは実はあまりやられていないのが実態ではないでしょうか（たとえば、会議の場こそ"育成"のチャンスです）。

　そこで有効なアプローチが「時間ずらしの仮定」です。メンバーに「時間の長短への感度を高める問い」を投げかけることで、短期的、短絡的な思考に気づきを与えるのです。

　たとえば、「（考えてみてほしい、）それを行なうと、長期的にはどうなりそうか？」「（想像してみてほしい、）このまま続けると、どんなことが起こりそうか？」など、時間軸をぐっと延ばすような問いかけによって、長期的な影響（デメリット、副作用など）も同時にイメージさせ、その意味合いを考えさせるわけです。

CHAPTER

1 When

2 Where

3 Who

4 Why

5 What

6 How

ゴダイチの解説 井津田はどうすればよかったのか？

　では、冒頭のケースに戻ります。井津田の問い・指示・指導がどうあるべきだったかについては、絶対解があるわけではありません。

　たとえば、松本の思いつきっぽい値下げキャンペーンの提案に対し、「なぜ？」を深掘りするなど、さまざまな返し方があるでしょう。しかし、無理なく、過度なプレッシャーを与えることなく、メンバーの近視眼的、短絡的な思考に気づきを与えるには、既述したような「時間ずらしの仮定」を問うのが有効です。

　メンバー松本の「値下げ（値引き）」の提案に対して、「それをやるとどんな影響がありそうなの？　注文は増えそうなの？」とだけ聞いていますが、これでは不十分。松本は短期的、直接的な影響しか視野に入っていません。

　「（短期的な状況はわかったが）それをやると、長期的にはどうなりそうか？　このままいくと、どんなことが起こりそうか？」と、時間軸を意識させる問いを投げかけることによって、長期的なインパクトに自ら気づいてもらうのです。

　ちなみに、「値引きキャンペーン」の長期的な副作用としては、顧客からの値引き要求が常態化してしまう、商品の価値（性能や品質）や提案力（問題解決力）を低く見積もられてしまう、結果的に会社のブランド力が低下してしまう。競合を刺激し値下げ合戦のいたちごっこになって市場を停滞させてしまうなどでしょう。社内的には、他の営業マンたちも値引きしたものを売らざるを得なくなり、組織全体として士気が下がってしまうなどが考えられます。

　次に、「入荷遅れ」という状況に対して、井津田は原因を問うこともなく、「どんな対策を考えているんだ？」とだけ聞いていますが、これではやはり、短絡的な「火消し対策」を引き出し

ているに過ぎません。

　ここでも「時間ずらし」を意識して、たとえば「短期的には何をやる？　長期的にはどうする？」と、短期的応急処置と長期的抜本対策の両面をセットで考えさせることが非常に重要です。長期的な抜本策を考えるためには、メンバーは問題の本質的な原因を考えざるを得なくなるので、思考が自然に深まります。

　加えて言うと、「もっと早くできないのか？」という問いは、相手にストレスを感じさせてしまう場合が多く、また、抜本策をしっかり考えてもらう際にはあまり有効とは言えません。たとえば、「仮に半分の時間でやるとすれば、どういう方法があるか？」「3分の1のコストでやるとすれば、何をするか？」など思い切った（仮定の）状況設定質問が有効です。

　追い詰めることなく、解決の視点をドラスティックに（ゼロベースで）変えてもらうわけですね。これも「時間ずらし」の仮定と言っていいでしょう。

▷「時間ずらしの仮定」で自然に視野が広がる

　既述のように、メンバーの短絡的な思考に気づきを与え、視野を広げるには、「時間ずらしの問い」が有効です。たとえば、次の図のように、いくつかの要素の掛け合わせによる問いのバリエーションを活用するとよいです。ある施策について、

Continue: これを続けると…		・社内的影響は…
		・市場、顧客への影響は…
Start: これを始めると…	×	・取引（仕入）先への影響は…
		・競合、業界への影響は…
Stop: これを止めると…		・社会への影響は…

さらには、「長期的にはどうなりそうか？」「このままいくとどんなことが起こりそうか？」「あとになってどんな副作用やリスクが出そうか？」など、時間軸を大胆に延ばす問いによって、将来的なメリット面・デメリット面に目を向けてもらうというわけです。

　単に「どう変わるの？」や「どんな影響がありそうか？」より、よほど思考が深まり、広がりそうですね。

　ちなみに、プレゼンなどで、「このままいくと（手を打たないと）、こうなってしまいます」という最悪のシナリオを聞き手に想像させて危機意識をあえてあおる方法を「ホラーストーリー」と言います。「このまま業績が落ち続けると、3年後にはシェアNo.1から転落してしまいます」「わが社の理念が名目化すると、近い将来、離職者が倍増し、採用も困難になり、事業の継続が危ぶまれます」などのように使い、経営者などに新事業や経営変革を促す上で効果的な方法です。ただし、多用しすぎると、逆に反感を抱かれる場合があるので注意が必要です。

図表1-2　「時間ずらし」の問いが、部下の視野を広げる

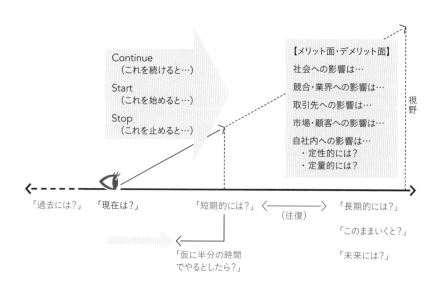

また、メンバーに対策を考えさせる際は、単に「何をする？」「どんなことができそうか？」という平面的問いではなく、前述のように「短期的応急処置は？」と「長期的抜本対策は？」の長短両面（場合によっては中期的な対策）をセットにして問いかけてみてください。「ただちにやるべきこと」と「時間をかけてしっかりやりたいこと」をはっきり分けて用意させるということですね。

　それ以外にも、「過去（以前）はどうだったの？」を織り交ぜる（振り返らせる）ことで、過去・現在・未来に渡るロングスパンでの本質的な変化（違い）を俯瞰させる問いも有効です。

　このように、いつ？（時間軸）を自在に伸び縮みさせる「時間ずらしの仮定」を上手に活用することで、短絡的な思考のメンバーにも、あまりプレッシャーを与えずに広く深く考えさせることが可能になります。

---

①Whenの問いかけ "時間ずらし" の仮定

「それをやるとどんな影響がありそうか？」
「どう変わるのか？」
→「それをやると、長期的にはどうなりそうか？」
　「このままいくと、どんなことが起こりそうか？」

「何をする？」
「どんな対策を考えている？」
→「短期的には何をやる？ 長期的にはどうする？」

「もっとはやくできないのか？」
→「仮に半分の時間でやるとすれば、どういう方法があるか？」

CHAPTER

1 When

2 Where

3 Who

4 Why

5 What

6 How

　2週間後に重要な顧客への提案があり、営業部課長の井津田はどうしてもこれをものにしたいと考えていた。

　課のメンバーの1人である小島を呼び、こう告げた。

井津田「再来週の水曜日、B社への提案のアポを取りつけた。本件、前にも少し伝えてある通り、君にぜひ担当をお願いしたい。当然他社も出てくるだろうが、なんとしても勝ち取りたい。君は類似の案件の経験もあるし、まさにスキルアップできるチャレンジしがいのある案件だと思う。じっくり考えて、いい提案を持ってきてくれないか？」

　小島はやや緊張した面持ちだったが、しっかり「はい！」と応じた。

　井津田は、B社の企業情報、提案書のゴールや構成のイメージなどをいつものように小島に説明し、迷うところがあったら、気軽に相談してほしいとも伝えた。

　1週間後、井津田が小島に進捗を確認すると、進んではいるが、まだ見せられるレベルには至っていないと言う。あと2日待ってほしいと言うので、2日後に提案の打ち合わせを約束した。

　2日後、B社への提案が実働3日後にせまったある日、2人は会議室で焦燥しきっていた。

小島「じっくりと考えてみたのですが、ここまでしか詰まりませんでした」

　提案書は確かにていねいに作られていた。苦労の跡も見える。しかし、出来は半分程度。裏づけとなるデータも不十分、ライバルと差別化できそうな"売り"も弱い。

井津田「果たしてあと2日で詰まるだろうか…」

　井津田は、苦笑いの裏に絶望を感じながら、窓の外を眺めた。

井津田の問い・指示・指導・進め方などの問題点を考えてみましょう。

プロトタイピング志向

「粗くていいから、早めに持ってきて」

CHAPTER

1 When

2 Where

3 Who

4 Why

5 What

6 How

◎スピード感の足りないチーム・組織を変えるには

　Whenは「時間・過程（プロセス）軸」がコンセプトです。取り巻く環境が複雑さを増し、変化の激しい昨今、ビジネスでは、"どこで戦うか（Where）"や"何を武器に戦うか（What）"と同等、いやそれ以上に、"どんな「はやさ」で戦うか（When）"が大切な時代になりました。「時間優位性」がものを言うご時世です。

　「はやさ」には大きく2種類、「早さ」と「速さ」があります。「早さ」は、着手や実行、つまり"タイミング"の先行度合いを意味します。また、「速さ」は、単位時間当たり（いつからいつまで）の変化量が大きいか小さいか、すなわち"スピード"の高低を意味します。

　特に後者の「速さ」、「変化量÷時間」は、これまでわが国で重視されてきました。同じ質・量のものをいかに「短時間で作るか（達成するか）」という分母の短縮に力点が置かれる、いわゆる、カイゼン（1→2）や効率、生産性向上という世界です。

　しかし近年では、それ以上に分子である変化量をいかに大きくするか、いかに「変質させるか」ということに軸足が移ってきていると言えます。これまでの延長線上の製品開発やビジネスモデルではなく、いかに短期に非連続な価値を生み出せるか、いかに製品コンセプトやビジネスモデルを新たなものに転換できるか、つまり、変革やイノベーション（0→1）の実現がより重要になってきているのです。

　戦略やビジネスモデル、製品を「変えるはやさ」が求められるのであれば、当然、組織マネジメントのあり方も変わってきます。そんな中、

タイムリーでスピード感のあるマネジメントに寄与する、有効な考え方が、「プロトタイピング志向」です。

「プロトタイピング（Prototyping）」とは、具体的な「プロトタイプ（原型・試作品・仮の結論）」をざっと作ってしまい、それを関係者や顧客と早期に共有し、議論やフィードバックを重ねながらブラッシュアップして完成度を高めていく手法です。

　元はシステム開発やデザイン、製造（3Dプリンターなどによる）の世界でよく使われているプロセスで、これにより大幅修正を伴う手戻りを減らし、アウトプットのスピードと質の双方を高めることにつなげます。こうしたアプローチは、これからの時代、あらゆるマネジメントの活動に求められる、必須のスタンスと言えます。

▷ヒロセ電機の「はやさ」へのこだわり

　この「早さ」と「速さ」両面において、突出したパフォーマンスを発揮している企業に、高収益企業として名高い、エレクトロニクス製品（スマートフォンやパソコン、ファクトリーオートメーション、医療機器など）向けのコネクターメーカー、ヒロセ電機があります。

図表1-3　「先行逃げ切り型」で高収益のヒロセ電機

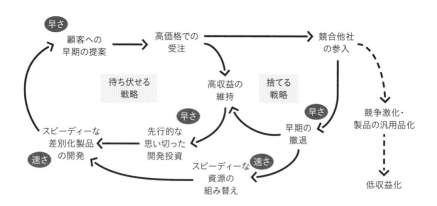

ヒロセの開発方針の一つは、「顧客が（今）欲しがる製品は手がけない」ことです。どういうことかというと、まずは顧客企業に新製品開発段階から声をかけてもらいます。そのためには技術と営業が一体となり、早期からマーケットや顧客の情報収集を行い、2〜3年先の有望製品を予測します。

　その上で、高い収益を活かして開発コストをふんだんに使い、開発人員の半分をつぎ込むという思い切った方法を取るのです。こうして、顧客に引き合いをもらう前から、他社にはできない製品の開発を高速で進めていきます。

　まさに「プロトタイピング志向」のマネジメントを駆使しながら、ライバルよりずっと早いタイミングで顧客に提案をして採用を勝ち取り、高価格によって先行者利益を得てしまいます。言うなれば、「待ち伏せる戦略」です。

　しかし、こうした新製品で参入しても、やがては標準品化・汎用品化する時期がやってきます。そんなとき、競合他社が参入して価格だけの競争になる前に、潔く撤退するのが「捨てる戦略」です。

　マーケットが求める革新的な製品を次々と生み出し、戦わずして勝つ。早期に撤退することで、スピーディーな経営資源（開発人員や設備など）の組み替え（立て直し）が可能となり、これがまた、新たな差別化製品のスピーディーな開発のエンジンになります。

　このように、ヒロセの勝ちパターンは「はやさ」です。「速さ」が「早さ」を生み、それがまた「速さ」につながるという好循環を回すことにより、高価格、高品位、そして高収益を実現しているのです。VUCAの時代、激しい変化の中を生き抜くには、「はやさ」にこだわる戦略はますます必要となってくると言えるでしょう。

　はやければはやい（早い＋速い）ほど、打ち手の選択肢は広がり、たとえ失敗しても、そこからの回復の余裕をもたらし、そして結果的に、「パイオニアとしてのブランドイメージの浸透」などのメリットも享受することができるのです。

CHAPTER

1 When

2 Where

3 Who

4 Why

5 What

6 How

ゴダイチの解説 井津田はどうすればよかったのか?

　タイムリーでスピード感のあるマネジメントに、非常に有効な考え方が、「プロトタイピング」です。

　前項「"時間ずらし"の仮定」はメンバーに対し、「時間に対する感度を高める問い」がテーマでしたが、ここでは「時間を実際に短縮することを促す問い」、つまり、「プロトタイピング志向」のマネジメントがテーマとなります。

　さて冒頭のケースでは、言うまでもなく、納期の明確化（期限を握ること）やフォローの徹底など、マネジメントとしていくつかの改善点はあるでしょうが、やはりメンバー小島への最初の指示として、「じっくり考えて、いい提案を持ってきてくれないか？」という切り出しに問題の大本があったと言えます。

　もちろん、置かれている状況、提案の種類や難易度、部下の経験や能力、性格などによってはこの切り出しが絶対的によくないわけではありません。しかし、このご時世、「時間を十分にかける」「一度に完璧なものを求める」というスタンスは、前述したように、遅きに失し、ケースのように「時間切れ」に追い込まれてしまう可能性が高いのです。

　そうではなく、「粗くて（ざっとで・そこそこで）いいから、早め（2日後など）に持ってきて」というスタンスでメンバーと接していれば、状況は好転したはずなのです。

　本ケースの場合、提案期日がすでに決められているため、このあとの頑張りによっては結果的に挽回して提案にこぎつけられたかもしれません。しかし概して、「一刻も早く持ってきて」という顧客の短納期ニーズがますます高まっている今日、こんなスピード感でマネジメントしているようでは、成功はおぼつきません。

　2週間と言わず1週間で、3日後ではなく明日持って行けるほど顧客は好印象を抱く、概してそんな状況になってきているのですから。

☑「ゆるさ」が「はやさ」を、「はやさ」が「質の高さ」を生む

　次の図を見てください。ここでは企画書や提案書、調査報告書、プレゼン資料などの成果物の作成をメンバーに指示し、アウトプットを完成させていく業務のイメージです。「通常の（これまでの一般的な）成果物マネジメント」と「プロトタイピング・マネジメント」のイメージを示しています。

図表1-4　プロトタイピング・マネジメントのイメージ

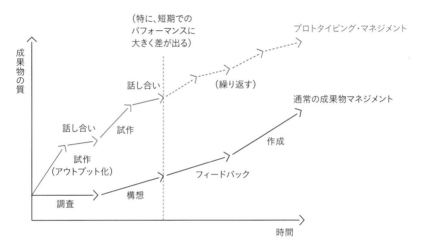

「通常の成果物マネジメント」では、初期のアドバイスはするものの、調査・分析、構想（8割方内容を固める）まではメンバーにやってもらい、その上で上司からフィードバック（レビュー）をし、再度メンバーがブラッシュアップ、完成させていくというスタイルに近いのではないでしょうか。まさに本ケースの「じっくり考えていい提案持ってきて」という状態です。

　しかしこれでは、いくら納期やフォローのタイミングを握ったとしても、メンバーの手持ち時間が長くなるため、上司は進捗状況が見えずやきもきするばかりですし、方向が大きくずれるリスク、手戻りのリスク

CHAPTER

1 When

2 Where

3 Who

4 Why

5 What

6 How

も高まります。メンバーにとっても、完成度の高い成果物を1人で考えなければならないというプレッシャーが大きくなり、さらに納期を延ばしてもらえばもらうほど「この程度の品質では出せない」という "抱え込み" の意識が助長され、ますます完成度を気にして遅くなるという悪循環に陥ります。上司も部下も精神衛生上良いはずがありません。

一方、「プロトタイピング・マネジメント」では、「Quick & Dirty（汚くても、速くあれ）」、さらに「早めの失敗こそ成功の素」という考え方がベースになります。とにかく、調査検証がまだ終わっていない仮説ベースでよいので、そして、半分に満たない完成度でよいので、「具体的な試作物」を先に "表現（アウトプット）" してしまうことを優先します。手書きでもイメージ図でも何でもよいのです。

むしろPCで最初からていねいに言語化（清書）しようとするから、なかなか手が動かず、かつ文章の「てにをは」ばかりが気になってきて、イライラが募り、時間もムダにかかってしまうものです（私もかつてはそうでした）。そうではなく、ゆるくて粗い、手書きもタイピングも絵も文章もキーワードだけも何でもありの「試作物」を早く出してもらうことに力点を置きます。

ファーストドラフトではハードルを下げる代わりに "形" を作ることに専念してもらう。なお、この「試作物」は「準完成品」ではなく、あくまで「話し合いの促進剤」と割り切ること。そのほうが、メンバーも断然やりやすくなります。その上で、できるだけ1対1ではなく、複数のチームメンバーも巻き込んで、その「試作物」を肉づけ・ブラッシュアップしていく場を設けます。何もない中での空中戦の議論よりも、たとえ粗々であっても形のある「試作品」を前にするほうが、よっぽど地に足のついた具体的な議論が期待できるはずです。

早期の「話し合い」を反映し、再び「試作物」を作り、さらにカジュアルな「話し合い」を重ね、より完成度の高い提案書などに磨き上げていくというプロセスを踏んでいきます。

プロトタイピング・マネジメントでの「話し合い」のポイントは、「SFC

ミーティング」（慶應義塾大学の湘南藤沢キャンパスではありません）。ショートで（Short）でカジュアル（Casual）なミーティングをこまめに（Frequently）に行なうことです。

これまでは1案件に対して重たくて長時間のミーティングを1〜2回やっているならば、それを短くてカジュアル（気軽）なミーティング形式で3〜4回やっていくというように、小さいストロークでも回転数を上げていくようなコミュニケーション（レビュー）の流儀に変えていくのです。今日では、より適時適切なコミュニケーションを可能にする便利な社内SNSやチャットツールも普及しています。

これにより、メンバーの孤独感・抱え込み感が減り、自由闊達で協働意識の高い（自己効力感＊・一体感の強い）組織に変えていくきっかけにすることができますし、何よりも、先の図の中央の点線で示すように、短時間で質の高い成果出しや意思決定につながるはずです。時間をかければよいものができて当たり前。それでは今の時代、たいした価値はありません。「スピードは質を凌駕する」のです。

完璧主義と正反対の、ゆるい「試作物」。そして"正しい"意見が求められる固い会議ではなくて、寛容でゆるい「話し合い」。「ゆるさ」こそ、この時代に不可欠な「はやさ」を生み、「はやさ」が「質の高さ」を生むのです。

▷プロトタイピング・マネジメントの応用例

「プロトタイピング志向」をもう少し一般的に表すと、「先に、仮の結果（結論・ありたい姿）を作ってしまい、その後、逆算で軌道修正やブラッシュアップをしていくスタイル」となります。

そう考えると、社内で提案書などの成果物作成をマネジメントするというシーンだけでなく、次頁の表のように、さまざまなビジネスシーンでも応用できます。

どんな「はやさ」で戦うか（When）、時間軸をこれまで以上に意識し、組織の「体内時計」を意図的にはやめることが勝負を決するのです。

＊自己効力感：セルフ・エフェカシー（self-effecacy）。自らの価値や存在意義を肯定できる感情で、失敗を恐れずに挑戦することができる心の持ちようのこと。

CHAPTER

1 When

2 Where

3 Who

4 Why

5 What

6 How

図表1-5　「プロトタイピング志向」でマネジメントする

活用場面	これまで	これから （プロトタイピングの応用）
成果物マネジメント （今回のケース）	「じっくり考えて、いい提案を持ってきて」スタンス 調査→構想→フィードバック→作成（仕上げ）という、メンバーの抱え込み期間が長い、漸進的スタイル	「粗くていいから、早めに持ってきて」スタンス 「具体的な試作物」を早期に"表現（アウトプット）"し、「カジュアルな話し合い」でブラッシュアップを重ねていくスタイル
事業戦略や新商品の 立案と実行 （調査・立案・実行）	あらゆる情報を精緻に集め、時間をかけて分析し、高い確度の結論を出してからアクションを取る、ボトムアップ型の思考	限られた情報から仮説（仮の結論）を先に作り、それを検証するための情報をねらい打ちで集める、さらに試行的に小さいアクション（実験）をしながら軌道修正していく、仮説ドリブン型の思考
チームの目標・計画 作成と共有	マネジャーが１人で時間をかけてチームの目標・計画を作成し、その上でチームメンバーに説明するスタイル	最初からマネジャーとメンバーが一緒になってわくわくするチームのビジョンやゴールを話し合いによって作り、その上で手分けして達成プランに落とし込んでいくスタイル
営業（開発）活動	自社と顧客は経済活動の土俵が「分離した」取引関係であるというスタンス 顧客の要望スペックに従い、それを満たす確実な商品・サービスの検討を重ねてから、顧客を訪問して提案するスタイル	自社と顧客は共通の価値提供を協力して行なっている「一体的」パートナーであるというスタンス 顧客の初期の開発段階、購入検討段階から入り込み、まだ"やわらかい"試作的提案を先に思い切って共有してしまい、その上で、ブラッシュアップや顧客内部の説得を"協働"して行なっていくスタイル
組織風土の改革	主導者は詳細な組織風土改革プランを特定のメンバーのみで時間をかけて検討し、一斉に告示、その改革行動を組織員全体に促していく （ほとんどの場合、やらされ感や改革疲れにより、頓挫してしまう）	あるべき組織風土や価値観を象徴するような「見えやすくてやりやすい活動」を主導チームが率先垂範し、早期に「小さな成果」を出すことを優先する。その上で、改革活動の詳細を詰め、「仲間（現場の変革エージェント）」を増やしながら、組織全体に広げていくスタンス
起業 （スタートアップ）	緻密な事業計画を作成し、ベンチャー・キャピタリストの納得を得て十分な資金を得た上で事業計画通りに着実に進める	少ない資金で、コストをかけずに最低限の試作品を迅速に作り、顧客の反応を踏まえて、柔軟に軌道修正を繰り返しながら事業化を進めていくスタイル

②Whenの問いかけ プロトタイピング志向

「じっくり考えて、いい提案を持ってきてくれないか」
→「粗くていいから、早めにドラフトを持ってきてくれないか」

「(顧客に対し)御社の製品スペックに合うパーツを作らせてもらえませんか?」
→「(顧客に対し)わが社の試作部品を使った製品を一緒に開発しませんか?」

「組織全体を巻き込めるような、大きな活動は何か?」
→「すぐにできてわかりやすい、小さな活動は何か?」

CHAPTER

1 When

2 Where

3 Who

4 Why

5 What

6 How

会議室では営業部一般ルートグループ課長の井津田と複数の若手の
メンバーが集まって、最近の新規顧客の獲得があまりうまくいってい
ない原因についてのミーティングをしている。

井津田「営業部には新人も入ってきたことだし、新規の顧客開拓をもっと進め
　　　るために、営業のスキルを改めて強化したいと思っている。君たちが自分
　　　やチームメンバーを見て弱いと感じているところを出してみてほしい。何
　　　が問題か？」

メンバーA「客先でのプレゼンに問題があると思います。新しいお客さんを前
　　　にアガッてしまう人が、私を含めて多いんですよ」

メンバーB「確かに私もお客さんを前にするとわかりやすく話せなくて…。そ
　　　れにこちらが考えてもいなかったような質問もあって、あまりうまく答え
　　　られないこともよくあります」

メンバーC「話している最中に、先方が首をひねっていたり、あくびをしたり、
　　　なんてことも。そうするとよけい焦ってしまうんですよ」

井津田「プレゼンのスキルか…。他に問題はなさそうか？」

メンバーD「プレゼンの前に、提案書を作ったり、情報収集したりするところ
　　　にも問題ありそうですし、他にも、質問したり、顧客を最初にグリップす
　　　るところなんかも弱い気がしています。あ、それから…」

メンバーE「なんか私たち、思いつきベースで意見を出してしまっているようで、
　　　本当に全体を押さえているのかどうかちょっと不安です…」

井津田「…（全体をとらえる枠組みを示せていないということか）…」

井津田の問い・指示・指導・進め方などの問題点を考えてみましょう。

プロセスの映像化

「どんなプロセス?」
「どの段階が問題?」

CHAPTER

1 When

2 Where

3 Who

4 Why

5 What

6 How

▷やみくも&きめうち型のメンバーの頭を整理させるには

　たとえば、あなたが自社に寄せられるあらゆる苦情や問題指摘を整理し、「苦情対応マニュアル」を作成したいと考えているとします。全社でどのような苦情があるか、できるだけ幅広く洗い出してみようとするとき、どのようなアプローチをするでしょうか?

　このような場合、ありがちなパターンは下の2つです。

・やみくも型…思いついた要素を手当たり次第に挙げていく。しかし、体系的に整理できず、最終的には随所にヌケモレやムラが見られる「虫食い状態」になってしまう

・きめうち型…自分の身近なところ、関心のあるところを中心に探す。一通り挙げたらその周辺に視界を広げていこうとするものの、結果的に、ある「部分」しか網羅できずに終わってしまう

　これらのパターンの共通点は、いずれも細部(ミクロ)から考えてしまうということです。こうした「部分思考」を防ぐには何らかの「思考の俯瞰図」が必要です。マネジメントとして会議などを仕切る場合はなおさらです。

　ここで役立つのは、物事の変化の時間的な流れである「プロセス」の視点を活用することです。ほぼすべての事象には何らかの過程や流れがあるからです。

業務のプロセスをビジュアルで洗い出してみる

たとえば旅行会社であれば、次の図のように、「仕事の流れ（活動プロセス、機能連鎖）」を、大きく最初から最後まで順に時間軸で映像化してみるのです。旅行会社がどのように自分たちの商品を作り、提供し、アフターフォローしていくのかという活動プロセスを"先に"考えてしまいます。ちなみに経営学では、こうした「企業の機能連鎖」を"バリューチェーン"*と呼びます。

図表1-6　旅行会社の仕事の流れ

活動のプロセス（機能連鎖）				
仕入れる （交渉）	作る （商品企画・造成）	宣伝する （広告）	売る （販売・予約発券）	添乗する （現地サポート）
・交通機関 ・宿泊機関 ・飲食施設 ・イベント施設 …	・各地の観光協会 ・小規模代理店（提携先） ・旅行企画会社 …	・各種メディア ・新聞・雑誌 ・DM会社 ・ネット関連 …	・顧客（個人・法人） ・小規模代理店（卸し先） ・当局機関（外務省など） ・システム会社 …	・現地手配会社 ・現地旅行先（住民） ・現地施設 …

主な関係者（接触者）

このようなとき、皆さんの中には、顧客、取引先、協力業者…など、考えられる"関係者"を出してみる、という人もいるでしょう。でもそれで苦情類をモレなく出せる自信はありますか？

図のように、「プロセス」を見渡すことで、実はそれぞれの活動に関与する人々（関係者）もよりクリアにひもづいてきます。そこに関与する人々が浮かび上がってくれば、そうした人々との間で発生するトラブルや苦情も想起しやすくなります。

そして、もちろん「顧客（個人・法人）」からの苦情や指摘は中心的

---

*バリューチェーン：企業の業務（価値創出）活動を機能ごとに分類し、それらを連ねたツールで、1980年代にハーバード・ビジネススクールのマイケル・E・ポーター教授が提唱。自社の企業活動のどの部分（機能）で付加価値が生み出され

なものでしょうが、このように上流から下流までを「プロセス」でとらえると、それ以外にも多くの関係者（苦情の発信元）がいることがわかります。こんな単純な「プロセス」を押さえた俯瞰図を描いてみるだけでも、かなりの精度で事象を広く見渡すことができるというわけです。

ゴダイチの解説　井津田はどうすればよかったのか？

改めて冒頭のケースに戻ると、まさに最後につぶやいているように、井津田はマネジャーとして「全体をとらえる枠組み」を最初に示せていないため、メンバーがきめうち的に、思いつきベースで意見を述べているのをまとめきれていません。

もちろん、最初は自由に意見を出させることは悪いことではありません。しかしマネジャーであれば、意見が散逸してしまう前に、一定の枠組みを示し、より生産的な議論を作るべきです。こうした議論の整理に有効な方法が、「When：時間軸」に沿って事象の道筋をイメージして考える「プロセスの映像化」です。

ここでは、ただ、「何が問題か？」ではなくて、「プロセス上のどの部分が問題か？」というように、全体を見渡せる枠組みを示した上で、時間的なつながりを意識した議論をしてもらうお膳立てをすることがポイントです。

複数のメンバーの、「訪問先でのプレゼン（の場面）に問題がある」という話をよく聞いてみると、実はその前の準備や顧客ニーズ（関心事）の把握などにも問題があることがわかります。

次頁の図のように、今聞いている（見えている）「全体」はもっと大きな全体の、ある「部分」ではないかと考え、自分たちの営業プロセスの最初から最後までを映像化してみるのです。

最初に何をやって、次にどうなって、最後にこれがこうなって終わるというように、メンバーにリアルに思い描いてもらいます。その上で、プロセス上のどの部分に問題があるかを突き

CHAPTER

1 When

2 Where

3 Who

4 Why

5 What

6 How

ているか、競合と比較して自社のどこに強み・弱みがあるか、業界の成功要因に照らし合わせてどの部分に課題や改善・再構築の余地があるかを分析するフレームワーク。

止めていく議論をすれば、メンバーも自分たちの視野の狭さや視点の散らかりに自然と気づき、より広く深く、体系的な思考が促されるはずです。

図表1-7　プロセスを映像化してみよう

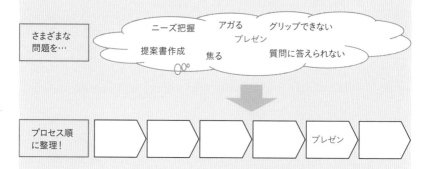

たとえば、「プレゼン」という客先での説明の前には、「提案書の作成」や「顧客からのニーズヒアリング」という段階があるでしょうし、「プレゼン」の後には、「契約を決めるクロージング」や「価格や納期などの条件面の交渉」をするステップも必要でしょう。ホワイトボードなどを使い、前後に思考を広げ、営業プロセス全体を見渡してみることに意識を向けます。

　客先でのプレゼンでアガッてしまうのは別にしても、首をひねられてしまう、あくびをされてしまう、思いがけない質問にあうのは、プレゼンの場での"話しぶり"というより、その前段階で説得力のある提案書に落とし込めていないこと、つまり「提案構築スキル」に原因があるのかもしれません。

　あるいはそれ以前に、提案書のネタを探す「インタビュー（質問）スキル」が弱くて、客が前のめりになるような課題（ニーズ）を的確に押さえられていないことが理由なのかもしれません。さらに、そもそも攻略する市場・業界の分析が弱く、筋のよさそうな新規客の抽出ができていない「市場調査スキル」などに問題があるのかもしれません。

常に物事を「プロセスで映像化」する思考習慣を持ったマネジャーは、こうした課題をうまくリードすることができます。何事につけても、「プロセス」を一から追って「全体」をとらえるクセをつければ、やみくも型やきめうち型のメンバーの意見も上手に整理し、議論を効率的に進めることができるはずです。

図表1-8　営業スキル向上のためのチェックポイント

仕事のプロセス	新規顧客先のリスト化	（電話）アポ取り	（訪問）ニーズの聞き取り	提案書作成	（訪問）プレゼン	（訪問）クロージング
必要なスキル	市場調査スキル	アポイントスキル	インタビュースキル	提案構築スキル	プレゼンスキル	交渉スキル
チェックポイント	そもそも市場分析が甘く、筋のよさそうな潜在顧客候補を特定できていないのではないか	訪問先のキーパーソンへ適切な日時を押さえたアポができていないのではないか	初訪での客先の課題を的確に探す質問力や、信頼構築につながる話法が弱いのではないか	客先のニーズを的確にとらえ、自社商材の優位性を訴求する提案書を組み立てる技術が弱いのではないか	聞き手を引きつけ、わかりやすく伝える説得力のある話法、質問に適切に答える技術が弱いのではないか	取引条件など、客先との駆け引きをウィン・ウィンでクロージングする交渉技術が弱いのではないか

⊡ 議論のまとめ方に迷ったら、「プロセスの映像化」!

ケースのように、会議などで意見をうまくコントロールできずにムダな議論にしてしまうこと以外にも、「プロセス」全体を見渡せないことによる問題は、ビジネスでは日常頻繁に見られます。

事業活動の全体プロセスに目が行き届かずに自部門のタコツボに入り込み、部分最適の施策を実施してしまう。顧客の購買決定プロセス全体が見られずに、効果の小さい提案を繰り返し行なってしまうなど、枚挙にいとまがありません。

「プロセスの映像化」は、さまざまなビジネス上の課題に汎用的に使えるツールです。なぜなら、ビジネス上の問題の多くは「突然起こる」ものではなく、必ずそこに至る過程、**When** の流れが存在するからです。

「プロセス」を俯瞰することは、効果的な問題発見（ボトルネックの発見）や問題解決（対策立案）をはじめ、クリエイティブなアイデア出し、説得力のあるコミュニケーションの組み立てにも大きなパワーを発揮します。

CHAPTER

1 When

2 Where

3 Who

4 Why

5 What

6 How

議論のまとめ方に迷ったら、以下のような"プロセスマップ（流れ図）"を描いてみる。自分たちが今見ている（考えている）事項をその「プロセス」のどこかに置き、その前後に動画的にイメージを広げ、全体像をとらえるようにします。

図表1-9　プロセスの「見えていない部分」にこそ真因がある!?

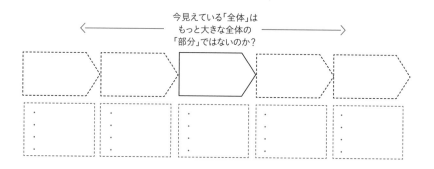

　その「プロセス」はいつ（どこ）から始まりいつ（どこで）終わるのか？ この問題が起こるのは、実はこの手前の段階に原因があるのではないか？ などをメンバーと一緒に考えてみるわけです。ほとんどの場合、プロセス上の「見えている部分」ではなく、「見えていない部分」にこそ真因があるものです。

> ③Whenの問いかけ プロセスの映像化
>
> ―――――――――――――――――――
>
> 「どんなことが起こっているのか？」
> →「どんなプロセスで起こっているのか？」
>
> 「何が問題か？」
> →「プロセス上のどの部分が問題か？」

Where
事象の「全体像・重要箇所」を問う

Where　どこで？

空間をつかさどり、視野を広げ、ピントを絞ってもくれる。
→ 場所や場面、市場などをリアルにイメージし、思考・視点を集
　中すべし。

―――――― ゴダイチ

　　人事総務部の人事課長、土光（どこう）はメンバーの鈴木に"宿題"を課していた。部長から「ここ2〜3年、全社的に入社5年未満の若手社員の離職が増えている。原因を調査するように」と言われていた件である。調査の方法などは鈴木に任せていたが、その鈴木が途中経過を報告したいということで、会議室に入った。

鈴木「さっそくですが少し調べてみたところ、辞める理由として、『仕事の内容が当初聞いていたものと違った』というものが多かったようです。あっ、これはマーケティング部門の若手に多い理由です。インタビュー目的で顧客を訪問しているのに、営業みたいな仕事をさせられたというようなことを言っていました」

　　いきなりこんな話から入られて、少し面を食らった土光だが、こう返した。

土光「営業みたいな仕事って、具体的にはどういうことなの？」

鈴木「商品出荷の確認作業とか、POP広告の追加依頼の受け付けなどです。でも上司たちにヒアリングした感じでは、私は"採用"にも問題があると思っているんですが…」

土光「ここ2〜3年で、マーケティング部門の若手の離職が一番多いってこと？」

鈴木「いえ、えーと、最も多く辞めているのが営業部門の若手でした。製造部門とマーケティング部門が次点です。郵送アンケートでは、人事評価の透明性がなかったなんて声が複数ありました。やっぱり現在行なっている目標管理制度のフィードバック方法が、どこか形式的で納得感が薄いようですね。だから、もっと"1on1ミーティング"を時間かけてやったほうがいいんじゃないかと思います」

土光「ん？　つまり営業マンが最も多く離職しているってことね。最初に聞かなかったけど、調査の方法やサンプル数は？」

鈴木「あっすみません。すでに離職した人や退職をすでに申し出ている入社5年未満の社員へのアンケート調査とその直属の上司へのヒアリング調査で、合計50サンプル程度です。アンケートの回収率がなかなか上がらなくて苦労しましたが、督促してなんとか…。あと、ライバル会社に引っ張られたとか、転職媒体が利用しやすくなった、なんていう理由もありましたね…」

土光「離職理由は、結局何が多かったの？　話がわかりにくいので、ちゃんと頭を整理して伝えてくれないかな」

鈴木「す、すみません。具体的に話したつもりだったんですが…」

土光の問い・指示・指導・進め方などの問題点を考えてみましょう。

ガバニング・コミュニケーション

「全体像は?」
「その中のどこの話?」

CHAPTER

1 When

2 Where

3 Who

4 Why

5 What

6 How

▷ いきなり細かい話から始めがちなメンバーには

5W1H の 2 つめの要素は「Where(どこで)」。Where は「空間・場所軸」のコンセプトです。場所、箇所、位置、場面(シーン)のほか、ドメイン(事業領域)、市場(セグメント)、立地、販売チャネルなど、ビジネスの戦略作りに不可欠な要素に落とし込んで、応用することもできます。

Where の基本的な問い、すなわち、自分が今「どこ」にいるか、「どこ」を考えているか・見ているか、「どこ」について話しているか、あるいは、「どこ」まで考える(見渡す)べきかなど、"空間の広がり"や"場所(箇所)の絞り込み(明確化)"を意識するだけで、問題解決やコミュニケーションの質がぐっと高まります。逆に言うと、「どこ」の特定や認識がぼんやりしていたら、"抽象的でエッジの効いていない問題解決提案"、"わかりにくくて独りよがりの説明"に堕してしまうのです。

▷ 半数以上の人は「上司へ口頭での状況報告」が苦手

まずこのケースでは、「コミュニケーション(説明)」がテーマとなります。ある調査によると、仕事において「何を言いたいのかよくわからない」「言っている意味がわからない」と言われた経験を持つ人は 6 割以上、自分で「説明が苦手」と自覚している人はなんと約 8 割に及びます*。

また、最も苦手な場面としては「口頭で状況報告するとき」と答えた人が約 6 割、最も苦手な説明相手としては「上司・先輩」と答えた人が 6 割弱と、他の場面(電話での会話、プレゼンテーション、企画書など文書作成、メールなど)や他の相手(顧客・取引先、一般の人、部下・

後輩、同僚など）を大きく引き離し、ダントツの1位となっています。

　まさに冒頭のケースのようなシチュエーションですね。上司への口頭説明は、顧客に対する説明よりも苦手意識を持っている人のほうが多いのです。話がわかりにくい原因は複数ありますが、以下3つにまとめることができます。

①話の「全体像」が見えない
結論が先にないので最も言いたいことがわからない／構成や趣旨・前提条件などが示されていない／全体のどこを話しているのかがわからない／情報や要点が多い、細かい（だから全体像が見えにくい）／話が長い（終わりが見えない）

②話の「つながり」がわかりにくい
話の筋道が一貫していない（論理的につながっていない）／脱線が多い

③話の「表現（言葉遣い）」がわかりにくい
専門用語が多い／5W1Hが曖昧、主語がない／一文が長い

　この中で、長年ビジネススクールなどで「ロジカル・コミュニケーション講座」の教壇に立ち、コンサルティングの場面で多くの経営幹部への事業提案に立ち会ってきた経験から言うと、「①話の全体像が見えない」というのが、話のわかりにくさの8割を占めているというのが私の実感です。つまり、「今"どこ"を話しているのかがわからない」と言い換えてもいいでしょう。

　②の"論理的"のほうが大事ではないかと考える人もいるでしょう。しかし、"論理的"の前に、"話の全体像に納得感がない""全体の中での話の位置づけがはっきりしない"と、説得力・わかりやすさという点ですべての努力（論理的な文章を作る努力も含め）が無に帰してしまうのです。言い換えれば、ここを改めるだけでも話のわかりやすさは飛躍

的に向上します。

「話の全体像が見えない」ことへの対処のポイントは、ずばり「ガバニング・コミュニケーション」です。「ガバニング（governing）」という言葉は、government（政府）や governance（統治）などが派生語になっているように、「統治する」「支配する」「運営する」などの意味を持ちますが、コミュニケーションやプレゼンテーションの場面では、「最初に話の全体像を規定し、宣言すること」を指します。具体的には、「これから話すテーマ（や結論）はこれで、こんな前提で考えていて、全体で伝えたいポイントはいくつで…今は"どこ"の話をしていて…」ということを話の冒頭や各パートの始めに聞き手に紹介することです。

唐突に細かいポイントに入り込んでしまう、ミクロな話に終始してしまい、主張の全体像がわかりにくいメンバーには、この「ガバニング」のクセづけを通し、説明力を高めていくことが極めて大切です。

ゴダイチの解説　土光 はどうすればよかったのか？

改めて冒頭のケースに戻ります。メンバーとの対話の場面で、部下の細かい話のペースにもっていかれてしまったり、タコツボに入りなかなか話を戻せなくなってしまったりする状況は、仕事でも結構ありがちではないでしょうか。

前章 When（時間軸）で触れた「プロセス（時間的過程）の映像化」とニュアンスは近いですが、ここでは Where（空間・場所軸）、つまり、「全体の中で"どこ（どの場所）"の話をしているのか」を意識する（させる）ことがポイントです。

メンバー鈴木の前置きのない、部分的な説明に乗っかってしまい、「営業みたいな仕事って、具体的にはどういうことなの？」と、輪をかけて細部に入り込んでしまう問いを投げるのではなく、逆に抽象度を上げる問いで、"話の大枠"に戻すアプローチを取るべきです。「まず全体像は何か？　その中でどこの話をして

CHAPTER

1 When

2 Where

3 Who

4 Why

5 What

6 How

いるのか？」といった問いを対話の初期の段階で投げかけ、話が視野狭窄や迷子にならないように、常に意識づけることが大切です。

　ちなみに、ここで言う「全体像」とは次の図のように、たとえば、①「話の前提」と②「話の本論」の大きく２つです。

　前者では「調査の範囲やサンプル数（対象部門、階層、人数）」「調査方法（郵送アンケートとヒアリング）」などが、後者では問題の箇所、すなわち、「離職した社員の部門別分布と最多部門」、そして、問題の原因、つまり、「離職原因の分布や主要因」などが挙げられるでしょう。「離職原因」の枠組みは、たとえば「社内的要因か」「社外的要因か」などです。

　そして前者であれば「採用要因か」「配置（業務内容）要因か」「育成要因か」「評価要因か」「報酬要因か」、後者であれば「市場要因か（転職市場の活性化や転職媒体の利便性向上など）」「競合要因か」などが大きな項目になるでしょう。

図表2-1　まずは話の全体像を整理する〜「若手社員の離職率要因」

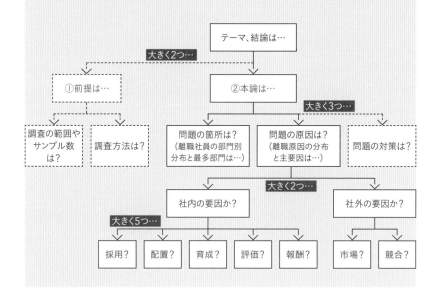

自分の言いたいことを思いついた順番で説明させるのではなく、このように、まず全体の項目を構造的に示させた上で、それぞれの項目ごとに（あるいは大きいものから順に）説明するように、「ガバニングの徹底」をメンバーに促すわけです。

　土光はひとしきりの会話のあとで、「話がわかりにくいので、ちゃんと頭を整理して伝えてくれないかな」と言い放っていますが、こういう結末にならないためにも、「頭を整理して伝えて」という抽象的な忠言ではなく、最初の段階で、「全体像を示して（分けて）から伝えて」という、簡潔で建設的なアドバイスをしたいものです。

単なるナンバリングではなく、ガバニングを！

　ガバニングの基本パターンは、話の冒頭に、「全体」→「分解」→「特定」という3つを相手に示すことです。特に、ポイントが3つあるときは「ポイントは3つあり…」と、全体を構成するパートの数を先に宣言することによって、相手の頭の中に予め「引き出し」を作ってもらうことが肝要です。

図表2-2　これを意識するだけでコミュニケーションは見違える

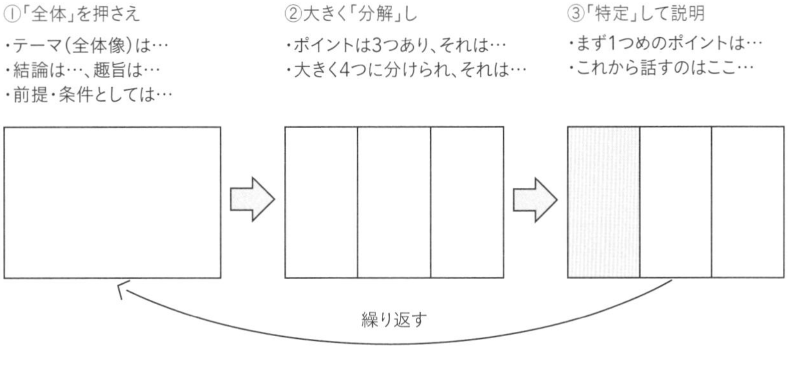

①「全体」を押さえ
・テーマ（全体像）は…
・結論は…、趣旨は…
・前提・条件としては…

②大きく「分解」し
・ポイントは3つあり、それは…
・大きく4つに分けられ、それは…

③「特定」して説明
・まず1つめのポイントは…
・これから話すのはここ…

繰り返す

CHAPTER

1 When

2 Where

3 Who

4 Why

5 What

6 How

相手にとっては、この"頭出し"によって、「これから伝えられること」を予測し、話を位置づけ、"終わりの姿"を予見し、全体像をスピーディーに理解する助けになるというわけです。

　ちなみに、GAFAの一角、アマゾンでもこうしたコミュニケーション・ルールというものがあり、たとえば、「バス停が近づき、今にも降りようとしている相手に3つだけ伝えようとしたら何を伝える?」というふうに、シンプルにわかりやすく伝えることが説かれるのだそうです。そして会長のジェフ・ベゾス自身が徹底してこのルールを励行しています。

図表2-3　口頭・文書、いずれも伝えるときにはガバニングを!

ポイントは○つあり、それは… 大きく○つに分けられ、それは…		
──▷ 「まず前提」+「次に本論」		
──▷ 理由・根拠として、「A…」+「B…」+「C…」		
──▷ 「現状」+「問題」+「提案」		
──▷ 「問題箇所」+「原因」+「解決策」		
──▷ 「メリット(プラス面)」+「デメリット(マイナス面)」		
──▷ 「Why(何のために/目的は)」+「What(何を/基本内容は)」+「How(どのように/具体的には)」		
──▷ 「過去はどうだったか」+「現在はどうか」+「未来はどうなるか」		
──▷ 「全社として」+「事業部として」+「チーム・個人として」(大きいほうから順に説明)		
──▷ 「当方の機能として」+「相手(顧客)の価値として」		
──▷ 「客観的な事実」+「主観的な意見(解釈)」		

　ガバニングの際の項目の例は、もちろん、コミュニケーションの内容によってさまざまありますが、たとえば上のようなパターンを押さえておくと、応用が利くでしょう。

　ガバニングは、ただ自分の都合のいいように、ただ伝えたいことを列挙していく、「ナンバリング」とは違います。相手を迷子にさせないように、自分がこれから伝える話の全体像がわかる「地図」を相手の頭の中に予め描いてもらうことが目的です。

そのためには、話の「目的」をしっかり押さえ、話の「前提」を示し、相手の聞きたい論点（関心事）を意識し、できるだけモレやダブりがないように項目（数）を立て、順番も考慮して示すことが重要です。加えて、話の最中でも、今「どこ」を話しているかを明らかにし、相手が道に迷わないをように常にナビゲートする配慮も大切です。

　このガバニングの技術は、口頭（会話、スピーチ、プレゼンテーション）、メモ（箇条書き、メール）、文書（企画書、提案書、報告書など）、ウェブサイトなど、媒体やスタイルにかかわらず、さまざまなコミュニケーションに活用できる、万国共通のシンプルにして強力なテクニックと言えます。

　皆さんの身近にも良い例、悪い例が多く転がっているのではないでしょうか？　やっと終わったと思ったら「そして…」が続く小中学校の来賓のあいさつ、会議の最後に割り込んできて、"お説教"のあとに「もう一つ、ついでに、あと…」を繰り返す部長など、苦痛を感じる話にはガバニングが欠如しているものです。

CHAPTER

1 When

2 Where

3 Who

4 Why

5 What

6 How

---

④Whereの問いかけ　ガバニング・コミュニケーション
_____

「(相手のミクロな話に乗っかってしまい）そこは具体的にはどういうことか？」
─〉「まず全体像は何か？」
　　「その中で"どこ"の話をしているのか？」

「頭を整理してから話してほしい」
─〉「全体像を示して（分けて）から話してほしい」

　　　"働き方改革"の波が美健社にも押し寄せ、労働時間の低減が全社
　　的な課題になっている。

　　人事総務部は、労働時間・残業時間低減の推進の中核を担っているが、それ
にもかかわらず、このところ当部門のトータルの残業時間が増え続けている。

　　部長から「これでは示しがつかない。何とかするように！」と言われ、人
事課長の土光は当部門の中でも最も残業が多いチームのリーダーである山下
を会議室に呼び出した。

土光「人事総務部は、全社残業低減の"旗振り役"であることは知っていると
　　思うけど、ここ数ヵ月、あなたのチームの残業が特に多くなってるわね。
　　繁忙期でもないのに、なぜ増えているの？」

やや厳しめの口調で切り出した土光に対し、山下は恐縮して答える。

山下「申し訳ありません。メンバーが就業時間内に仕事を終わらせようという
　　意識がまだまだ低いようです。一応、メンバーには１人ひとり残業時間の
　　目標を決めてやってもらってはいるのですが、徹底できていないようです。
　　会議も多くて…」
土光「どうして目標未達になってしまったの？　なぜできなかったの？」
山下「なぜって？　…原因はまだヒアリングできていませんが…うちのチーム
　　は若手が多いので、業務知識やスキルもまだまだの者が多いですし…」
土光「言い訳っぽく聞こえる。他のチームにだって経験の浅い社員が多いとこ
　　ろもあるけれど、チームで協力し合いながら、それなりに生産性を上げて
　　るし。それから、会議が多いのはなぜ？」
山下「すみません。会議も含めて業務効率をもっと上げるように頑張ります…」

　　山下は、土光の"なぜなぜ攻撃"に、良い答えがなかなか見つけ出せず、
ただ頭を下げるしかなかった。

土光の問い・指示・指導・進め方などの問題点を考えてみましょう。

CHAPTER

1 When

2 Where

3 Who

4 Why

5 What

6 How

"どこ・なぜ"順のクエスト

「どこが悪い?」「どこが足りない?」
「どこを変える?」

▷メンバーや組織が前向きになる問題解決のためには

「Where(空間・場所軸)」の1つめが、「"どこ"について話しているか」を明らかにするという"コミュニケーション(説明)"がテーマでしたが、ここでは、「"どこ"に問題があるのか」から考え始めるという"問題解決"がテーマとなります。

本題に入る前に、組織開発型コーチング・サービスを提供するコーチ・エィが2015年に世界15ヵ国(地域)を対象に行なった、「上司と部下の会話」に関する調査を紹介します。

この調査によると、「上司と部下の会話の頻度」では、日本はインド、イギリス、フランスに次いで4位の多さ、「上司と部下が話す割合」については、日本は中国や香港、タイに続き、部下より上司の話している時間のほうが長い国ということです。一方で、「直属の上司との関係の良好度」では、なんと日本は15ヵ国中最下位という結果になっています(4段階回答で、1位のインドネシアは3.69、アメリカは3.47で5位。日本の平均値は2.90で唯一3を下回る)。

要するに、日本は上司と部下は頻繁に会話をしている一方、概してその内容としては、上司が部下より長い時間を話し、かつ、上司と部下の関係は良好ではない、ということです。「会話割合」と「関係良好度」を直接結びつけるのはやや乱暴ですが、やはり、上司が(一方的に)しゃべりすぎ=上司が部下の話をよく聞かない→部下が自分の意見を自由に言いにくい→部下が上司に対して恐れや不満が溜まる、という図式になっている場合が多いととらえるのが自然な見方でしょう。

71

つまり、1対1の会話では、上司の一方的な"お説教"や"問い詰め"が支配し、部下が委縮して聞いている、というのが、多くの人が思い浮かべる、一般的なイメージではないかと思います。

▷「なぜ」「どうして」で追い詰めない上司の質問力

この調査からの示唆は、上司は聞き役になって（自分の話す割合を減らして）、もっと部下に話をさせるべき、話しやすい対話環境を作るべきということ。そこでカギを握るのが「質問」です。いかに部下に話をさせることを促すような「良い問い」を投げかけられるかです。

昨今はコーチング教育などが企業に普及し、「質問」の技術も概して高まってきていますが、特に業務上の課題解決を話し合う場面において、以下の2つはまだまだ散見されます。特に②については、ほとんどの上司に当てはまる課題です（上司本人もそれに気づいてないことが多いです）。

①上司の問いが、「質問」ではなく、「尋問」や「詰問」になっている
②上司の問いが、答えにくい（考えにくい）「質問」になっている

①に関して、「尋問」と「詰問」の違いはここでは詳述しませんが、要は、「ムリヤリ答えさせたり、責めるように問いただしたりすること」です。たとえば、「なぜこんなミスをしたんだ？」や「どうして売上がこんなに未達なの？」と問い詰めてしまうこと。
「なぜ？」「どうして？」という言葉で聞くのではなく、「ミスが起こってしまったのには、どんな理由がある？」や「売上が未達なのは、どんな原因がある？」と聞けば、メンバーの委縮もずいぶん軽減されるでしょう。

昨今は「聞く技術」「リーダーシップ」に関する書籍がたくさん出回っており、多くはこうした「前向きな聞き言葉」や、相槌、共感、表情などの対話テクニックのレベルの話に留まっているように思えます。

しかし、実は①を変えるだけでは不十分。ここで重要なのは②なのです。部下が答えに立ち往生してしまう、何を答えれば（考えれば）よい

のか思考が拡散しすぎてしまう。そんな問いを、部下の思考を鍛えるための"愛のムチ"と称して、連発していないかということです。単に、クローズド・クエスチョン／オープン・クエスチョン＊にすればよいなどという問題でもありません。

①②に共通する、典型的な問いは「Why（なぜ？ どうして？）」です。Why はもちろん 5W1H の 1 要素として、問題の原因を追求し、解決を導くために不可欠な問いです。よく知られた話として、トヨタの現場では、独自の「5W1H」があります。これは「Why、Why、Why、Why、Why + How」というように「5回のなぜ」で問題に食らいつき、掘り下げ、真因を見つけ出すことで、本質的で確かな解決策を打つというものです。

Why は、正しい使いどころを選び（トヨタの 5W1H は、現地現物で問題の所在をしっかり特定していることが前提です）、適切に投げかけることによって、メンバーに物事の本質に気づかせたり、組織能力を向上させたりすることができる、"魔法の問い"になります。

しかし、ここで大切なことは、「正しい使いどころ」「正しい問いの順番」です。粒の大きい課題のまま、漠然として抽象的な問題のまま、原因究明しようと、いきなり「なぜ？ どうして？」を問いかけても、聞かれているほうは、それを「詰問」ととらえずとも、何を答えれば（考えれば）よいのか窮してしまう、あるいは、精神論的で曖昧な答えに逃げざるを得なくなってしまうのです。まさに冒頭のケースのように。こうしたマネジメント・スタイルの積み重ねは、長期的にはメンバーの自主性や自律性を削いでしまい、上司の気に入るような、独創性のない"正解探し"にばかり走ってしまう言動を駆り立てることになります。

そこで、問題解決の場面では、"原因探し"の前に"場所探し"、つまり、「**Why:**"なぜ"悪いのか？」という"原因追求"の前に、「**Where**？:"どこ"が悪いのか？」という"場所探索"から入るというのがポイントです。この 2 つの段階の違いを認識し、峻別して使うのです。

たとえば前述の、「なぜミスが起こったのか？」の原因をいきなり問

CHAPTER

1 When

2 Where

3 Who

4 Why

5 What

6 How

＊クローズド・クエスチョン、オープン・クエスチョン：前者は、答えが Yes/No や A/B/C など限定的になる質問。後者は、答えが自由で制約のない質問。いずれも部下指導などでよく用いられ、前者は事実確認などに有効だが詰問調になりがち、後者は自由な発想を引き出す際に有効だが漠然とした質問と散漫な答えのやりとりになりがちとされる。

う前に、「ミスの発生場所はどこか（どこで起こることが多いのか）、ミスが起こった作業プロセスの箇所はどこか？」を探して絞り込む。また、「どうして売上が未達なのか？」を漠然と考える前に、「売上のどこ（どの部分）が特に落ちているのか？」。つまり問題の所在（患部）を、さまざまな切り口によって、できるだけ特定することを先に行なう、というスタンスが大切です。

　Why は、そういう状態になった理由を探すことですが、前段の Where は、「ミス」や「売上」自体を分解して、できるだけ"患部"を絞り込むことです。これが「"どこ・なぜ"順のクエスト（探索）」という意味です。これを冒頭のケースに絡めながら、もう少し具体的に見ていきましょう。

　ゴダイチの解説　土光はどうすればよかったのか？

　では、ケースに戻ります。土光の山下に対する問いは、すでにお気づきの通り、「なぜ？　どうして？」をいきなり投げかけるパターンが散見されます。

　「なぜ（残業が）増えているの？」「どうして目標に対して未達になってしまったの？　なぜできなかったの？」「会議が多いのはなぜ？」

　人事総務部が全社残業低減の"旗振り役"であるにもかかわらず、残業が増えていることに焦る土光の心情も理解できなくもないですが、既述のように、詰問・尋問口調でいきなり Why を問われてもメンバーは委縮してしまうだけです。

　変えられない過去のことを、なぜなぜ？と聞かれても、逃げ場がなく、追い詰められて、せいぜい言い訳や体のいい謝り方を探されるのがオチでしょう。

　会議などで、上司が「なぜ？」と部下を詰めているシーンをよく見かけますが、詰問・尋問でなかったとしても、「なぜ？」といきなり問われると、部下は何を答えればよいのか困ってしまうものです。「自分が逆の立場だったらどうか？」を想像すれ

ばわかると思います。

　いきなりの「なぜ？」は、何を答えれば（考えれば）よいのか、思考が広がりすぎてしまう、もしくは答えに窮して立ち往生してしまうような、難度が高く、プレッシャーを感じてしまう問いなのです（実は、そんな問いかけを、私もかつては平然と部下にしていたものです）。

　そうならないためには、「Why：なぜ？」の前に、「Where：どこが（悪かったの）？」を、冷静に聞いてあげることがポイントです。次の図のように、「What → Where → Why → How の一連の問題解決ステップ（3W1H ステップ）」を意識し、「チームの残業が"なぜ"増えているのか？」ではなく、「チームの残業は特に"どこ"で増えているのか？」「どんな種類の仕事で増

図表2-4　「なぜなぜクエスチョン（尋問）」から「どこ・なぜクエスト（探索）」へ

問題解決に有効な"3W1Hステップ"*

What 問題の設定	Where 問題箇所の特定	Why 問題原因の究明	How 解決策の立案
何を 考えるのか？	どこが 悪いのか？	なぜ 悪いのか？	どう するのか？
■チームの残業（労働時間）を減らすには？（残業が多い・増えている）	チームの残業（労働時間）は特にどこで増えているのか？ ・どんな仕事で増加？ ・若手？ベテラン？ ・平日残業？休日残業？	チームの残業（労働時間）がなぜ増えているのか？	…
■会議（時間）を減らし、チームの作業効率を上げるには？（会議が多すぎる）	会議（時間）は特にどこ（何）が多いのか？ ・どんな種類（目的）の ・どんな時間帯の ・どんな参加者（人数）の会議が増加？	会議が多いのはなぜなのか？	…
■目標を達成するには？（目標達成していない）	目標との差分はどこ（何）か？ 次の行動ではどこを変えるのか？	どうして目標に対して未達なのか？ なぜできなかったのか？ それは何のためか？	…

* "3W1H ステップ" の詳細は、拙書『シンプルに結果を出す人の 5W1H 思考』をご参照ください。

CHAPTER

1 When

2 Where

3 Who

4 Why

5 What

6 How

えているのか？　若手か／ベテランか？　平日残業か／休日残業か？」ということを先に明らかにするという具合です。

　同様に、「会議が多いのは"なぜ"なのか？」ではなく、「会議（時間）は特に"どこ（何）"が多いのか？」「（開催・参加しているさまざまな会議・ミーティングの中で）どんな種類・目的の、どんな時間帯の、どんな参加者（人数）による、会議が増えているのか？」、特に多い（増えている）問題の箇所を先に絞ってあげることを優先するわけです。

　また、「"どうして"目標に対して未達になってしまったのか？"なぜ"できなかったのか？」という問いではなく、「目標との差分（不足）は"どこ（何）"か？」をメンバーに認識させ、その差分を埋めるために、「次の行動では"どこ"を変えるのか？」を考えさせる、もしくは一緒になって考えていくことが大切です。メンバーへの目標進捗フィードバックでは、「過去にできなかった理由（Why）」より、「未来にできるための改善箇所（Where）」の特定に力点を置きます。

　このように、「どこが？」は、場所（箇所）を探る問いなので、部下はあまりプレッシャーを感じず、自然に切り口を探す"分解脳"が働き、答えやすくなるのです。この切り口をメンバーと一緒に探してあげる、見えやすいところ（データが入手できるところ）からひも解いてあげる。こうした「クエスト」に一緒に時間を割くという姿勢が極めて大切です。

　ちなみに、「クエスト」とは「探索する」という意味ですが、まさに RPG のドラクエの協力プレイにおいて、「ドラゴンを一緒に探す」というゴールを目指し、双方のスキルの確認、素材採取、建築や装備品の入手などを行なうごとくです。

　お互いに協力して、ゴールの旗を立て、それに向けてよりフォーカスすべき問題箇所を絞り込み、本質的な原因を抽出し、そしてより良い解決策の立案をしていくプロセスを伴走していきます。

　ただ一方的な「"なぜなぜ"クエスチョン（尋問）」型ではなく、

双方向の「"どこなぜ"クエスト（探索）」型こそ、答えの見えない（正解のない）VUCA の時代に求められる対話のスタンスです。

▷「Where：どこが悪いのか？」で筋のよい解決を

なお、もう少しだけ、つけ加えておくと、「Where（問題箇所の特定）：どこが悪いのか？」を先に行ない、その上で「Why（問題原因の究明）：なぜ悪いのか？」を考える。実は、この順番で考えるほうが、筋のよい問題解決につながるのです。

多くの場合、問題はすべての箇所で一様に起こるわけではなく、偏在して発生します。ですから、すべての箇所を一緒くたにして「なぜ問題が起こっているのか？ なぜ悪いのか？」と原因を洗い出そうとしても、その可能性は際限なく出てきてしまい、収拾がつかないのです。

たとえば、あなたがバラエティーショップの店長で、最近売上が低迷しているとして、「なぜ落ちているのか？」といきなり問われても、さまざまな原因候補が考えられ、絞り込むのは至難の業です。思考が拡散しすぎて立ち往生してしまうか、結局、ケースの山下の説明のように、従業員の売る意識が低いから、販売効率が悪いからなど、もっともらしい漠然とした結論に安易に落とし込んでしまうでしょう。

そうではなくて、たとえば「特に、洋食器類の販売個数が落ちている」というように、目に見えやすく、データも取りやすい「結果側」からアプローチして、「どこが落ちているのか？」問題箇所をまず絞り込むほうが、原因候補も広がりすぎず、考えやすいはずです。もちろん、有力な問題箇所は1つとは限りませんが、このように分けて考えられれば、取り組む優先順位をつけることも容易になります。

問題解決では、難易度の高い Why（原因追求）にいく前段階の、考えやすい Where（問題箇所）で勝負することが鉄則なのです。

CHAPTER

1 When

2 Where

3 Who

4 Why

5 What

6 How

▣ 文書などのレビューも、「"どこ"がおかしいのか」から

ちなみに、メンバーが作成した企画書や提案書、報告書、あるいはメール文などをレビューする際、プレゼンや営業トークなどをアドバイスする際など、さまざまな場面で、"Where（どこ）→ Why（なぜ）"の順番は有効です。

たとえば文書の指摘などで、「全体的にわかりにくい」「なんとなくおかしい」「相手（お客様）の立場になって書いてない」、あるいは、ただ「根拠が不十分」「構成がわかりづらい」とだけ"ダメ出し"し、「あとは自分で考えろ」とばかりに、さし戻して済ませてしまっている上司をよく見かけます。

もちろん、メンバーの習熟度によっても対処は異なるでしょうが、やはりこのような場合でも、レビューやフィードバックの"型"として、「Where：具体的に"どこ（どの部分）"がおかしいのか」→「Why："なぜ"おかしいか」の順でしっかり指摘してあげることは、その後のメンバーの成長に違いをもたらします。

そんなとき、以下のように示してあげれば、メンバーの納得度も高まるはずです。

君のこの「"コールセンター設置"の企画書」、次のことを改善するともっとよくなるはずだ。

【Where（どこがおかしいか）】
企画書の骨組みのところ、「新商品開発」「クロスセル」「問い合わせ」というように、"キーワード"だけで3つ書いているが、この部分は見直す余地がありそうだね。なぜだと思う？

【Why（なぜおかしいか）】

"キーワード"だけだと、その下に書いてある文章を全部読まないと理解できないよね。忙しい役員は嫌がる可能性が高いんだ。どうしたらいい？

【How（どう直すか）】

骨組みを、短めの"センテンス（要旨）"の形で表したらどうだろう。そうすれば、読み手は内容を一瞬で予想できるよね。たとえば、3つをそれぞれ「○○を××することが可能になる」という形で、書いたらどうだろう。

「新商品を開発するニーズ情報を得ることができる」
「既存顧客にクロスセルを促すチャンスができる」
「各組織に分散している問い合わせを集約化できる」

▫「なぜなぜ尋問」が組織のイノベーションを遠ざける

私が以前所属していた組織でも、会議やプレゼン時だけでなく、カジュアルなミーティングの場でさえも、先述した「なぜなぜ尋問」が頻繁に行なわれていました。もちろん、コンサルティングサービスを提供する会社ということもあり、あらゆる業務において、「なぜ？」を主とするロジックは重要です。

しかし、Whyの過剰な蔓延は、組織の意思決定に鈍重さをもたらすだけでなく、いつの間にかイノベーションを遠ざけてしまうことにつながります。どんなときでもどんな場面でも、確かな理由や根拠が求められる厳格な経営スタイルでは、データや統計情報といった明確なエビデンスなしには何も決められない組織風土がドカッと腰をおろしてしまいます。

CHAPTER

1 When

2 Where

3 Who

4 Why

5 What

6 How

社員はいつしか（根拠の弱い）気軽なアイデアが口にできなくなり、「これをやりたい、こんなことにチャレンジしてみたい」という本来の思いが置いてきぼりになった提案しかテーブルの上に出さなくなるでしょう（過度に上司の顔色をうかがって忖度するのです）。こうして絞り出された、好機をはずした、論理だけに裏打ちされた無難なプランでは、変化が速く、正解のない VUCA の時代に生き残っていくのは困難です。

　もちろん、Why という問い自体がすべて悪いわけではありません。ネガティブな感情を引き起こすような、詰問や尋問のような使い方は慎むべきでしょうが、既述のように、問題箇所（Where）を絞り込んだ上での適時適切な Why（真因の掘り下げ）を投げかけたり、CHAPTER4 で述べる、未来に向けた Why（たとえば、何を実現するために？ 何のために？）を明らかにしたりすることは非常に重要です。マネジャーは上手に使いたいものです。

　一方、Where は空間・場所軸のコンセプト。場所（箇所）や場面、市場など、空間的視野を広げたり、逆にピントを絞ってくれたりする便利な問いです。「対象を "どこ" まで広げる？」「次は "どの市場" をねらう？」「これまでとは "どこ" が違う？」「今は "どこ" にフォーカスする？」など、寛容な視点の提供や柔軟な思考の集中を促してくれます。寛容さ（ゆるさ）はイノベーションの源泉。問題解決や新規アイデアの創出に向けた対話は、まず "Where（どこ）" から探索していきたいものです。

---

⑤Whereの問いかけ "どこ・なぜ" 順のクエスト

「（いきなり）なぜ悪いのか？」
「その原因は何か？」
→「（まず）どこが悪いのか？」
　「その問題箇所はどこか？」

「"どうして"目標に対して未達になってしまったのか？」

「"なぜ"できなかったのか？」

→「目標との差分（不足）は"どこ（何）"か？」

　　「次の行動では"どこ"を変えるのか？」

「全体的におかしい（不十分）」

→「具体的に"ここ（この部分）"がおかしい」

　　「"この理由"でおかしい」

CHAPTER

1 When

2 Where

3 Who

4 Why

5 What

6 How

　　人事総務部では、営業部長の依頼を受け、営業マネジャー候補の採用を検討していた。

　役員から推薦された１人の候補者が浮上し、その候補者（Ａさん）は新しい営業手法を持つ、有能な人物だった。

　人事課長の土光は、この採用案件を担当しているリーダーの高橋と会議室で話している。営業部に推す前に、人事総務部内でもしっかり意見を固めておく必要があるからだ。

高橋「Ａさんを採用することでいいと思います。わが社の職務採用基準をクリアしており、これまでの実績は申し分なく、優秀な人です。何よりも斬新な営業手法を持っていますから」

土光「そうね。ただ、これまでにない新しい営業手法を持つ中間管理職という影響力のある人を採用するかどうかを判断する際、他に検討しておくべきことはないのかしら？」

高橋「他に検討すべきこと？　どういうことですか？　当方から条件提示している採用時期や待遇などについても問題ないですし、あとは具体的にどんなことを考えればいいのですか？」

土光「……」

高橋「……」

　新しい営業手法、マネジャーという重要ポストという点を踏まえると、職務採用基準はクリアしているとはいえ、まだ他に考慮すべきことがあるのではないかと思う。

　それにもかかわらず、土光は高橋の思考を広げる適切な論点を挙げることができない自分に、もどかしさを感じていた。

土光の問い・指示・指導・進め方などの問題点を考えてみましょう。

6 遠心力のアドバイス

「これをやると、どこまで影響が及ぶ？」

CHAPTER

1 When

2 Where

3 Who

4 Why

5 What

6 How

▣ 内向き・局所思考のメンバーに大局観を持たせるには

本章、「Where（空間・場所軸）」の１つめは「"どこ"について話しているか」を明らかにする"コミュニケーション（説明）"が、２つめは「"どこ"に問題があるのか」からアプローチする"問題解決"がテーマでした。

３つめは「"どこ"まで見渡すべきか"を意識する（させる）」ことによって、より適切な"分析や判断"を行なうことがテーマとなります。

何かを分析をしたり、施策を検討したりする際、そのきっかけとなった直接的な事象や関係者（部門）に目を向けるだけでは適切な判断はできません。

たとえば、「自社の商品Aの売上が最近低下している」という事象があったとして、この事実だけから「では、商品Aの価格ダウンをしよう」という施策を決めるのは拙速でしょう。

しかしながら、私たちはこれに類する、視野の狭い判断を結構日常的にやってしまっているものです。

こうした"局所思考"から脱却するには、たとえば次頁の図のような「"影響領域"を俯瞰するマップ」を活用し、「自分が今見ているところはどこか？」「そこだけ見ていれば十分か？」を常に俯瞰的に認識、自問することが大切です。

マネジメントでも同様で、メンバーにそうした問いを常に発し、「その事象や施策が影響を受ける範囲、影響を与える範囲（領域）はどこか？」という、「Where（空間軸）のビッグ・ピクチャー」をいつも意識させる働きかけをしていくことが重要です。

▣その事象が「影響を受ける／与える範囲」を見渡してみる

　前述の「商品Aの売上（購入客数）が低下している」という事象ならば、たとえば、直接的には顧客ニーズ（需要）が落ちている、あるいは、ライバル企業がより競争力のある商品を投入したことが影響しているかもしれません。

　あるいは、自分たちが見えていない協力パートナーに異変があった、異業界から思いがけない代替品が出てきたなど、より外側の間接的な要因があったからかもしれません。さらに、購入に影響を与える法規制、人々のライフスタイルや価値観の変化、経済状況の変化など、もっと外側にある、業界を取り巻くマクロ環境要因に影響がある場合も考えられます。

　あるいは、外部ではなくて、自社内部の販売チャネルやプロモーション、接客方法など付随施策に原因があるかもしれませんし、さらに販売施策に影響する原材料の購入や生産体制など、供給プロセス（関連機能・部門）に問題があったこともあり得ます。あるいはもっと本源的な要因

図表2-5　"影響領域"を俯瞰するマップ（特に営業系）〜"どこ"まで見渡すか

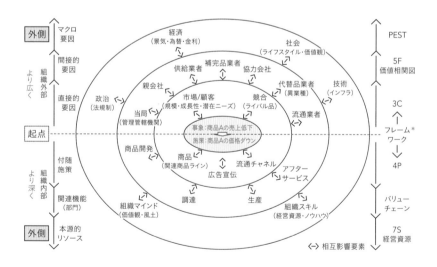

*該当するビジネス・フレームワークの名称。フレームワークは単独で使うのではなく、このようにそれぞれのカバー範囲（広さ）を、ビジュアルで、相対的な関係として理解して活用すると便利です。具体的なフレームワークの説明は、他の書籍に譲ります。

として、そもそも、ヒト、モノ、カネ、情報などの経営資源が質量両面において長期的に減衰している、（商品Aのような）汎用品を売るという組織内の意識（組織風土や価値観）が変わってきていることが根底にあるのかもしれません。

同様に、「商品Aの価格を下げる」というアクションに関しても、この行為は、自社営業関連部門内の広告宣伝内容や関連商品など付随施策に影響を及ぼすだけではないかもしれません。社内的には、調達や生産など関連部門への影響や、さらにはより深層の本源的組織スキルやノウハウ（たとえば、訪問などの手間をかけずにボリュームセールスをするスキル）などの変更も必要になってくるかもしれませんし、組織（営業部）の価値観や意思決定スタイルにも影響を及ぼすかもしれません。

また、社外（外部）的には、価格ダウンは顧客の自社に対する意識（イメージ）や競争相手の打ち手にも影響を及ぼす可能性がありますし、さらにはもっと外側の、図にあるような間接的なエンティティ（組織・団体）や、もっと外側のマクロ環境にも中長期的に影響を与えるかもしれません。

このように、メンバーに何かを分析をさせたり、施策を検討させたりするときには、その事象に影響を与える範囲（領域）はどこか、その施策や人物が影響を及ぼす範囲（領域）はどこか、常にWhereの概念、つまり空間的な広がりのイメージを抱かせ、大局観を持ってもらうことが大切です。その際、メンバーが今見ている（考えている）範囲の1～2周り外側（周囲）に思考領域を広げるような働きかけをする「遠心力のアドバイス」が有効です。

ゴダイチの解説 土光はどうすればよかったのか？

では冒頭のケースに戻ります。「これまでにない斬新な営業手法を持つマネジャー（中間管理職）」といった人材を採用するかどうかを検討する際、高橋の言う、マネジャー候補の優秀さやその営業手法の斬新さだけで採用を判断してしまうのは拙速でしょう。

CHAPTER

1 When

2 Where

3 Who

4 Why

5 What

6 How

土光は、採用の判断基準となる他の論点を高橋に考えさせよう
としていますが、「他に検討しておくべきことはないのかしら？」
という曖昧な（不十分な）問いかけに留まり、高橋の局所的（内
向き）な思考を広げ、深めるまでに至っていません。

　そこで前述のように、その採用候補者の所属組織（営業部）
内外への影響の範囲に気づくように、「そこだけ見ておけば十分
か？」「その施策（その候補者の採用）が影響を与える／受ける
範囲はどこか？」など問いかけ、より大局的な視野で、複数の
関係部門（影響領域）を挙げさせ、それぞれの視点から採用の
メリット・デメリットを検討してもらうといいでしょう。

　では、施策（候補者の採用）と影響を及ぼし合う領域は、ど
のような切り口で見渡すとよいでしょうか？

　漠然と考えるだけでは思考は広がりませんし、ランダムに出
すだけではヌケモレが心配です。ここでのコツは、その施策（候
補者）の「"前後、左右、上下"にはどんな領域（部門）があるか？」
を示唆してあげることです。それによって、広く、システマティッ
クに空間を見渡す助けとなります。

　"前後"とは取引の流れや仕事の前後工程の視点です。"左右"
は対象者の横に肩を並べるグループや人たちです。これには大
きく２つ、「協調系」と「敵対系」があります。「協調系」には
たとえば営業部の別チームなどが、「敵対系」にはたとえば内部
のライバルチームや外部の競合などが該当します。そして"上下"
は文字通り、上下関係のある上司や部下などが当たります。

　次頁の図のように、まず"前後"への影響を考えてみます。た
とえば、そのマネジャー候補の持つ営業手法が営業業務の前工
程にあるマーケティング部などのプロモーション（ツール）と
フィットするかどうか、さらに上流の商品開発部、製造部など
の方針とマッチするか？

　あるいは、後工程のアフターサービス部と活動領域やサービ
ス内容が重複しないかどうか、さらにその先の顧客がその売り

CHAPTER

1 When

2 Where

3 Who

4 Why

5 What

6 How

方を本当に受け入れてくれるかどうか（新しい顧客を開拓できるかどうか）などの論点が考えられます。

"左右（横）"で言えば、その候補者の持つ営業手法が、営業部の他のチーム"など横の営業部隊の営業手法と融合やさらなる強化ができるかどうか、さらに、その手法が競合と本当に差別化できるかどうか、あるいは競合に候補者を取られたとしたらどういう影響がありそうかなどを考える必要があります。

"上下"で言えば、このマネジャー候補は上司の営業部長とうまくやっていけるか、上司は候補者の能力を十分に引き出せるか、候補者は部下をうまく育成できるかなどの論点が出てきます。

加えて言うと、営業部全体の理念や風土に合うか、候補者をしっかり活かせるリソースがあるか、あるいは候補者の家族は当社に採用されることを歓迎しているのか、家族は候補者のワークライフを支えられるのかなど、影響を与える／受ける範囲を広く見渡しながら判断する必要があるでしょう。

図表2-6　営業マネジャーの採用〜影響を与える/受ける範囲は？

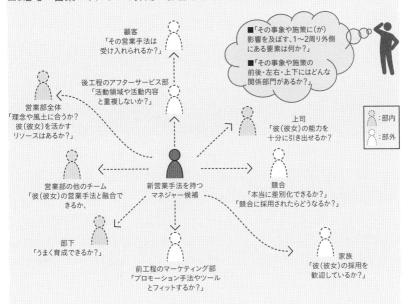

このように、"前後、左右、上下"を意識して、ていねいに広げていくと、"意識しないと見えてこない影響領域（関係部門）"は、営業部に留まらず、思った以上に多いということがわかるでしょう。

　私たちの仕事も同様です。マネジャーは、「その外側には何があるか？」という「遠心力のアドバイス」を常に投げかけることにより、メンバーの仕事（行動）が影響を及ぼす範囲は想像以上に広いということを認識してもらうことが大切です。

▷VUCAの時代、「遠心力」はさらに重要になる

　ちなみに、"個人"ではなく、"自社"を主役に、"影響を及ぼし合う範囲"をさらに発展させると、次頁のようにも考えられます。

　語呂合わせ的に"13C"として表現していますが、当然、業界などによっても状況は異なるので、絶対的なものではありません。この図は、自社が中間（生産）財事業者の場合であり、あくまで「参考」という位置づけですが、これからはどんな業界であれ、より広い範囲を見渡すことを意識したいものです。

　ビジネスでは、"3C"というフレームワークがよく使われます。これは、Customer（市場・顧客）、Competitor（競合）、そしてCompany（自社）を指し、ビジネスの戦略を考える場合、最低限しっかり分析しなければならない要素です。しかし昨今のVUCAなビジネス環境においては、これらだけ見ていても十分ではないケースも増えてきました。この3Cの視野に留まることなく、もっと外側を見渡さないと重要な変化や大切な示唆を見逃してしまいます。

　ここでは「前後、左右」が基本です。「上下」は親会社や子会社などが該当するでしょうが、存在の有無や役割がまちまちなのでこの図には入れていません。

　詳細の説明は省きますが、私たちは日常の瑣末な問題に追われすぎて

図表2-7　自社を取り巻くステークホルダー～広く影響領域を見渡す"13C"

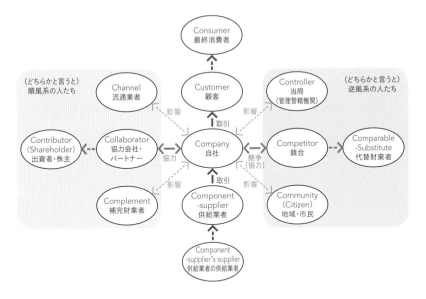

いると、つい近視眼になってしまいます。時には、遠心力を働かせ、通常見ている（考えている）外部環境のもう1周りか2周り外側を視野に入れようと意識することが大切です。これくらい一歩引いて周辺視野を広げると、より質の高い示唆がすくい取れる可能性が高まります。逆に、こうした周辺領域の動向を軽視すると、思いがけず足下をすくわれる場合もあるのです。

　たとえば、ふだんは直接の顧客しか見ていないのであれば"顧客の顧客"を見てみる、直接のライバルしか視界に入っていないのであれば、類似の価値を提供している"異業界の代替品"や、自社商品と補完的な関係にある"補完財"にも目を向けてみる、というスタンスが大切です。

　自社の直接の買い手や売り手にどのような"力"が働いているのか、連鎖の"辺境"にどのような変化が起きているのか、こうした「ビッグ・ピクチャー」を描き、"見えない影響"を洞察することがポイントです。誰もが目を向けるところにはブレークスルーはないのです。

CHAPTER

1 When

2 Where

3 Who

4 Why

5 What

6 How

⑥Whereの問いかけ 遠心力のアドバイス

「他に検討すべきことはないのか？」

→「そこだけ見ておけば十分か？」

「その事象や施策(行動)が影響を与える／受ける範囲はどこか？」

「1～2周り外側にはどんな要素があるか？」

「"前後、左右、上下"にはどのような領域（組織部門）が存在するか？」

人物・関係軸

Who
明確な「ターゲット」の視点を問う

Who だれが？

物事が血の通った人の営みであることを気づかせてくれる。
→ すべてが人の為せる業ととらえ、その言動に注意深く思いを馳
せるべし。

——————— ゴダイチ

営業部で新規顧客開拓部隊を率いることになった、新任課長の垂賀（たれが）は、リモート会議でメンバーの青木たちから相談を受けていた。

地方の商工会議所が集客した小規模の1日展示会ではあるが、美健社もそれに初めてブース出展することになっている。他の企業と肩を並べ、メインステージでプレゼンする打診も得ており、数社ではあるが、プレゼンを見に来る企業のリストも取れているということだ。

青木「展示ブースのレイアウトや並べる商品、チラシやパンフレット、それからノベルティなどはだいたい決まりました。当社は先日発売したばかりの新商品"スーパーKUROZU"のラインナップを中心にアピールしていこうと思います。問題は、メインステージでのプレゼンです」

垂賀「そうだね。今回は潤沢な予算がかけられるわけではないので、展示商品は絞ったほうがいいよね。そのプレゼン時間は1企業につき何分が与えられているの？」

青木「わずか10分です。なにせ複数の企業が入れ替わり立ち替わりという感じでして。どんな話をすればよいかなと」

垂賀「そうか。何を伝えるかが重要だな。うちの新商品の特長を、ポイントを絞って話さないとな」

メンバーA「やっぱりそうですよね。効能が多いので、それはしっかり伝えたいですよね。あとは価格が手ごろなこと。これまでの実績もちゃんと伝えたいですよね〜」

垂賀「言いたいことはいろいろあるな。他に言わなくちゃならないことはあるかな？」

メンバーB「飲みやすい味、飲みやすい量になっていること…。開発に2年も費やしたこと…」

垂賀「ただ、すべては伝えられないから、そういう中からフォーカスしなくてはならないな…」

垂賀の問い・指示・指導・進め方などの問題点を考えてみましょう。

"だれ"視点の明確化

「誰に伝える?」
「相手の聞きたいことは?」

CHAPTER

1 When

2 Where

3 Who

4 Why

5 What

6 How

☑独りよがりの説明に走りがちな自己本位のチームには

唐突ですが、こんなところから入っていきましょう。

> 「病院とは、○○する（させる）施設です」

の、○○にはどんな言葉が入りそうか、少し考えてみてください。

いかがでしょう?「病気を治す（治療する）」「患者を受け入れる」「命の洗濯をする（しばし休息する）」「病気にされる（病気が判明する・病気を宣告される）」。こうした類の言葉が多いのではないでしょうか?

でもこれらは「誰」の立場からの「病院」の機能（価値）かというと、「一般的な患者、もしくは、市民の視点」でのものに限られます。少し考えると、病院、特に大きな総合病院には多くの人々が働いています。そういう人たちから見ると、病院は「生活の糧を得る」施設（場）となります。

また、病院には多くの高齢者が来ています。こうした人たちから「病院」をとらえると、「病気を治す」ところばかりではなく、待合室にいる間、「近所の人や親しい人たちと井戸端会議をする、ストレス解消する」場所となることもあります。

言われてみれば当たり前のことですが、1つの物事でも視座・立場によって、次頁のように、さまざまな意味づけができるわけです（図に載せてあるものはその一部に過ぎません）。

しかし私たちは、指摘されない限り、たいてい、「誰が・誰にとって」というWhoを意識していない、あるいは、点線枠内の「一般的な患者

図表3-1 「病院とは、○○する施設です」～立場によって答えはさまざま

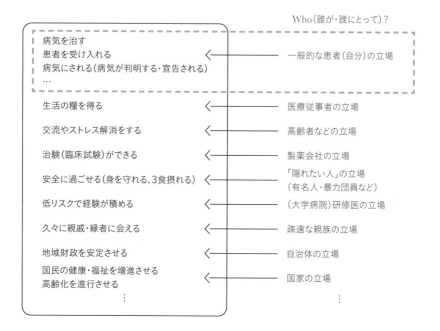

の立場」、つまり「自分」主体にしかモノを見ていないものです。まして日本語は特に「主語」が曖昧なことが特徴です。

▷「誰が？」「誰に？」「誰と？」で、思考のモードが変わる

　改めて、5W1Hの3つめの要素は「Who（誰が）」。Whoは「人物・関係軸」のコンセプトです。Who？という概念を意識したとたん、「ビジネス事象はすべて、人が人のために為すこと」と再認識することになるでしょう。

　ここでは、「主語」として使う「Who」に加え、「目的語」として使う「Whom」も含めて考えてください。そうすると、「誰が（主体者）」「誰に（ターゲット）」「誰と（パートナー）」など、応用パターンがいろいろ広がってきます。

「それは誰の視点か（その主語は誰か）？」「それは誰の立場での言い

分か？」を明確に示唆してあげるだけで、メンバーは、相手不在で自分本位の思考をしていること、狭くて偏った視野で物事を見ていることに気づき、他の人の視座に立った、さまざまな柔軟な考えを出しやすくなります。思考のモードチェンジができ、見える風景が変わるのです。

　前章（Where：空間・場所軸）で取り上げた"前後・左右・上下"を見る「遠心力のアドバイス」や、上述の「病院」のような例を挙げ、自分や物事の周りにはたくさんの関係者や視座が存在するということに気づかせてあげることが、第一歩になるでしょう。

"前後・左右・上下"で言うと、たとえば、あなたが郵便物をポストに投函する際、その郵便物の周囲に存在するエンティティ（関係者）はさまざまあります。"上下"はなしとしても、"前後"にはレターセットを販売している業者、郵便ポストのメーカー、ポスト設置業者、郵便集配人、郵便局の仕分け人、輸送機関、郵便配達人、受取人などが、"左右"には、競合や代替財、補完財である電子メール、宅配業者、切手取扱い業者などが思いつきます。「より便利な郵便システム」を考える際、投函者以外の複数の立場から多面的に考慮することができます。

　冒頭で、私たちはなにかと自分視点で考えがちであるという話をしましたが、モノやサービスの販売においては、昨今の「マーケティング思考」の浸透により、顧客視点で考える組織風土がすでに浸透している企業もあるでしょう。

　しかし、このケースのように、ふだんの説明やプレゼンテーションなど、コミュニケーションの場面においては、まだまだ自己本位で、これも言いたい、それも言わなくちゃと、「何を伝えるか」＝イイタイコトが優先してしまいがちです。

　メンバー青木の「どんな話をすればよいか」という投げかけに対し、垂賀は、「ポイントを絞ろう」とは言っていますが、「何

CHAPTER

1 When

2 Where

3 Who

4 Why

5 What

6 How

を伝えるか、言いたいことは何か？ 他にないか？」と、結局「自分たちのイイタイコト」の議論にいきなり自ら突入してしまっています。

「自分たちのイイタイコト」ではなくて、まずは「メインの聞き手（ターゲット）は誰か？ その聞き手のキキタイコトは何か？」を先に問いかけ、メンバーの視点を受信側に切り替えることが重要です。

ここでは、美健社のプレゼンに来る企業のリスト（数社）も取れているわけですから、まずはそれをしっかり確認すべきです。既存客が多いのか、それとも新規客が多いのか？ エンドユーザーが多いのか、企業が多いのか？ 企業だとすれば、どんな業態、どんな規模の、どんな役割、どんな役職の人か？などによって、当然プレゼンの中身は違ってくるはずです。

美健社としては、新商品自体の成分や効能、開発に力を入れたことなど、こんなメリット、あんなメリット…とイイタイコトはたくさんあるのでしょうが、聞き手にとって必ずしもそれらが重要ではないかもしれません。

たとえば、薄利多売で忙しく、自社で商品自体の良し悪しを判断する時間もスキルもない、新規の地方の中小スーパーのバイヤーなどであれば、商品の効能自体よりむしろ、「（要は）儲かるのか」「サポートしてくれるのか」「値引率は大きいのか」「安定的に取引できるのか」などに関心があるはずです。

なお、展示会に来る人はさまざまでしょう。その際、複数の商材を展示し、すべての来場者やオーディエンスに対して万遍なくアピールしようと考えてしまいがちですが、実は、この欲こそが、失敗する最大の要因と言えます。

そもそもこの展示会に出展する目的は何なのか？ その目的を達成するためには、「誰（＝どんな企業）に、何（＝自社のどんな商品・サービス）を伝えると効果的なのか？」を、事前に綿密に組み立てておかなければ、成果を上げることは難しいでしょう。

展示会の計画段階で、自社にとって“理想的な顧客像”＝“具体的なターゲット”を明確に絞り、プレゼンにおいてもそのメインターゲットの関心事などを予め想定した上で、メッセージを考えておくと、費用対効果が高まるはずです。ターゲット以外はあえて「捨てる」ことが重要。八方美人では伝えるべき価値があれもこれもとぼやけてしまい、成功はおぼつかないのです。

　自分のイイタイコトは何か？ではなく、具体的な相手は誰か？その相手のキキタイコトは何か？という反対側から考えることの大切さは、何も顧客や取引候補など社外の案件に限った活動だけではありません。実は社内でこそ重要なのです。

　私たちのコミュニケーションの大半は社内で起こっていますし、昨今では組織が細分化され、働き方ひとつとってもさまざまな人がいます。社外に発信する前に多くの社内手続きを経る必要がある組織が依然として多く存在する中で、環境変化の激しいVUCAの時代は、迅速な意思決定（行動）や発信が一層求められます。

　そうした1つひとつの“コミュニケーションの壁”をスピーディーに乗り越えていくためにも、「誰に伝えるか」、反対側の立場から説得ストーリーを組み立てる習慣を持つように、マネジャーがメンバーに常に働きかけることは極めて重要です。“Communication is response, not intention.（コミュニケーションの成否は受け手が決める）” ということを口ぐせにしたいものです。

相手の靴を履く、相手の立場を理解する「KICO（聴こう）モデル」

　ちなみに、相手の立場になりきることを、「相手の靴を履く」と表現することがあります。相手の靴を履くには、コミュニケーションをする前の準備段階で、徹底的に反対側、受信側の人や組織になりきって、そ

CHAPTER

1 When

2 Where

3 Who

4 Why

5 What

6 How

の人（たち）が感じるように感じ、考えるように考えてみるのです。

　とは言え、これはそう簡単なことではありません。まずは説得したい相手を可能な範囲で理解しておくことが必要です。では、そもそも相手の立場を理解するとは、事前に相手について具体的に何を知っておく、考えておくとよいでしょうか？

　それには次の図に示す「**KICO**（聴こう）」モデルが役立ちます。①そもそも「相手はどんな人か？（相手の基本的状況）」と、②自分の伝えたい「テーマについて相手の状況はどういうものか？（当該テーマに関する相手の状況＝ KICO 要件：知識・関心・懸念・反論）」の大きく2つをまず押さえます。

図表3-2　「KICO（聴こう）モデル」〜相手のための論点やメッセージを考えるヒント

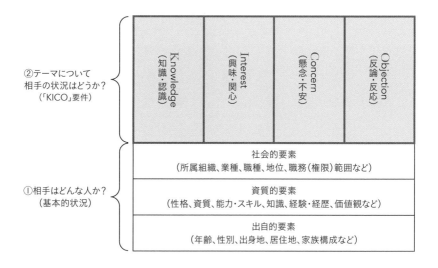

　特に②を事前に想定、整理した上で、伝えるべき論点（ポイント）やメッセージを組み立てることが重要です。なお、①「相手の基本的な状況」は、②「KICO 要件」を理解・察知するための前提条件という位置づけです。具体的には次のような項目になります。

①相手はどんな人か？…伝えるテーマとは直接関係ない相手の基本的な状況

出自的要素：年齢、性別、出身地、居住地、家族構成など

資質的要素：性格、資質、能力（スキル）、知識、経験（経歴）、価値観など

社会的要素：所属組織、業種、職種、地位、職務（権限）範囲、相手と自分との関係（力関係、上下関係、利害関係）など

②テーマについて相手の状況はどうか？…伝えるテーマに関する相手の知識・関心・懸念・反論（「KICO 要件」）

Knowledge（知識・認識）：そのテーマについて、何をどの程度知っているか？ 何は知らないか？

相手がよく知らないだろうけれど、気づいてほしい論点を抽出する。

Interest（興味・関心）：そのテーマについて、どんな興味・関心を持っていそうか？ どんな点を重視していそうか（Important）？

相手が関心のありそうな＆重視していそうな論点を抽出する。

Concern（懸念・不安）：そのテーマについて、どのような懸念や不安を持っていそうか？

相手が懸念や不安を抱いていそうな論点を抽出する。

Objection（反論・反応）：そのテーマの提案（結論）を伝えた後、相手はどんな反論をしそうか？ どんな反応や感情を示しそうか？ 相手が反論や疑問を抱きそうな論点を抽出する。

　ビジネスにおけるコミュニケーション（伝えること）のゴールは、「相手に納得してもらい、そして、行動してもらうこと」です。そのためには、特に②の「KICO 要件」を事前に想定しておくことがキーとなります。

　つまり、相手がまだ（よく）知らない点を、相手が重視し関心があり

CHAPTER

1 When

2 Where

3 Who

4 Why

5 What

6 How

そうな点を、相手が懸念を示しそうな点を、そして、相手が反論や疑問を呈しそうな点を予め抽出し、それらを考慮したロジックの組み立てやメッセージを用意しておくことが重要です。

組織として、顧客志向の風土作りを率先して行ないたいとき、手戻りを減らしてコミュニケーションの効率を底上げしたいとき、相手の立場からの分析をメンバーにクセづけることは、ほんの10分でも効果があるものです。

「聞き手（ターゲット）は誰か？」「そのターゲットのキキタイコトは何か？」を常に唱えたいものです。

□「何を伝えるか（What）」の前に「誰に伝えるか（Who）」!

私の経験ですが、若い頃は、「何を伝えるか（What）」ばかり一生懸命になっている自分がいました。豊富な知識を持って、内容を正確に論理的に伝えさえすれば相手（顧客）はわかってくれる、と思っていたのです。

しかし、顧客へのプレゼンでは、うなずいてはもらえても、なかなか行動に移して（購入して）くれない。悔しい思いを結構してきました。

一方、うまくいっている先輩たちを見ると、「何を伝えるか（What）」以上に、「誰に伝えるか（Who)」に関して、かなりの時間を割いているわけです。

クライアントのキーパーソンのうわさ話（関心事）を社内に聞き回ったり、そのキーパーソンの予定をなんとかつかみ、それに合わせて上司にいつ、どのように動いてもらうかなどの根回しをしたり…。

当初は、なんで（提案の）中身で勝負しないんだろうと、そうした先輩たちの行動をちょっと冷めて見ていたところもありましたが、それでも自分の中で何かが少しずつ変わり、「何を伝えるか（What）」よりも、「誰に伝えるか（Who)」のマインドシェアを意識して上げていくようになりました。

「誰に伝えるか」をより意識すると、相手の顔や会話のイメージが浮か

びやすくなり、伝えたあとの相手の状態（プレゼンのゴール）から逆算して、自然と「何を伝えるか」が考えやすくなります。

　そしてそのためには、相手の何を知ればいいのか、そこを一生懸命調べたり、想像したりするわけです。試行錯誤しながらも、だんだんコツや手応えをつかみ、成功確率も上がってきました。その甲斐あってか、以前に在籍した会社では、提案書作成のインストラクターをするまでになりました。

---

⑦Whoの問いかけ "だれ"視点の明確化

「何を伝えるのか？」
→「（その前に）誰に伝えるのか？」
　「具体的なターゲットは誰か？」

「自分のイイタイコトは何か？」
→「（その前に）相手のキキタイコトは何か？」

「他の考え方はないか？」
→「それは誰の視点か（その主語は誰か）？」
　「それは誰の立場での言い分か？」

CHAPTER

1 When

2 Where

3 Who

4 Why

5 What

6 How

営業部の中で新規顧客開拓を担う新任課長の垂賀とメンバーの高木らは、会議室で次の開拓先企業について話し合っていた。

高木「次の訪問先は大手外食企業のR社です。ぜひ垂賀さんも訪問に同行してください。ここは規模も大きく成長率も高いのに、わが社はまだ本格的にアプローチしたことがありません。アカウントを開くことができれば受注金額も大きいです。ある交流会で名刺交換したR社の品質部課長のMさんにアプローチしたところ、窓口の食材仕入部の課長を紹介してくれたんです」

垂賀「そうか。新規に入り込むためには、事前にできるだけその会社のことを把握しておくことが大事だが、顧客理解は進んでいるの？」

高木「はい、よく調べてみました。会社概要は……となっています。すでにお店に"偵察"にも行って、メニューやそれに使われている食材や調味料などもざっと調査してきました。提案する商材もXやYと、当たりをつけてあります」

垂賀「うん。でも企業によってニーズが違うはずだからな。味重視とか価格重視とか、サービス重視とか。この会社にはどんなことを訴求するの？」

高木「商材の味や品質はもちろん、最大の強みである使いやすさ、そしてデリバリーの速さ、新メニューの提案など、いろいろ総合的にアピールしようと思います」

垂賀「それでは提案内容が総花的になってしまわないか？ 先方の関心事をもっとつかんだほうがいいのでは…？」

高木「いや、なにせ相手は大きな企業ですから…、求めることも多いでしょうし…」

垂賀「……」

垂賀の問い・指示・指導・進め方などの問題点を考えてみましょう。

人物関係性の俯瞰

「この中の誰に伝える？」
「キーパーソンは？」

CHAPTER

1 When

2 Where

3 Who

4 Why

5 What

6 How

▷周囲の了解を得て、仕事を効率的に推進できる組織にするには

前項では「それは誰の視点か？」をメンバーに明確に意識してもらうことで、思考のモードチェンジが進み、自分本位ではなく他の人の立場からの物の見方ができるというポイントを押さえました。この項では、さらにそれを発展させ、(仕事を前に進めるために) 複数の関与者 (立場) を見渡し、その関係性を考慮することがポイントとなります。

また、前章 (Where：空間・場所軸) では「遠心力のアドバイス」、つまり、メンバーにはより外側の領域 (範囲) を見るクセをつけさせようというものがありました。このポイントとも近いですが、ここでは、関与する複数の "人 (Who =誰が)" に、よりフォーカスするものです。

▷起死回生の起爆剤となった「レッツノート」顧客アプローチ

例を挙げると、モバイルノートパソコン (PC) 分野でトップシェアを誇る、パナソニックのレッツノート。2019 年度には発売から 20 数年の歴史の中で過去最高の販売台数を記録し、この領域ではシェア 75% という圧倒的なシェアを誇り、なおも働き方改革やコロナ需要を追い風に、顧客の支持を維持し続けています。

このきっかけとなったのが、2002 年に投入されたレッツノート CF-R1 です。PC 市場はすでにノート型が主流で、コモディティ化による価格競争が激化し、パナソニックの PC 事業はその前年に急激な落ち込みを経験しましたが、本製品の投入が復活の起爆剤となりました。

製品自体の優秀さはさることながら、実はその顧客アプローチの卓越さが、法人市場シェア No.1 飛躍への足がかりになったと言えます。当

時のターゲットとして、個人・法人、企業の大小などさまざまなセグメントが考えられる中、従業員 1,000 人未満の中堅・中小企業（外出社員の多い企業）にフォーカスしたことに加え、顧客企業内の、複数の購買意思決定関与者を見極め、複層的できめ細かい営業コミュニケーションを行なうことで、受注を次々に勝ち取っていきました。

　法人向け、**BtoB** ビジネスにおいて、「顧客」とは単に顧客企業自体や窓口担当者を指すだけではありません。通常、法人顧客内には購入意思決定にかかわる人（関与者）は複数います。つまり「顧客内に複数の顧客」がいるわけです。

　モバイル PC などを一斉導入する場合、最終的に購入を意思決定する権限は、情報システムを所管する役員クラス（CIO：最高情報責任者など）にあるでしょう。しかし、営業マンがすぐにこの層にアプローチするのはなかなか難しいものです。

　そこでレッツノートの営業部隊がまず力点を置いたことは、ターゲットとなる会社を直接訪問し、社内のユーザー（外出先で PC を使うことが多い、特に 20 〜 40 代の社員など）に実際に使ってもらうことでした。そうしたユーザーの関心事である「軽量さ、頑丈さ、防水性（外出時の雨や飲料こぼしに対応する機能）、長時間バッテリー」や「使いやすさ」を訴求しました。

　パナソニックの営業部隊は顧客の声を継続的に取るために、「PC コンファレンス」「CRM 定例会」といった、一見手間とコストがかかる顧客とのミーティングや、大きな駅を中心に直接ユーザーに商品の使い勝手を評価してもらう「タッチ＆トライ」というイベントにも力を入れました。ここで得た顧客ニーズをスピーディーに製品開発に活かすと同時に、ユーザーへのアピールにさらに磨きをかけるという好循環を回したのです。まずは社内ユーザーへのこうした直接アピールです。

　また、ターゲット企業において、PC の直接的なサポート（メンテナンスなど）は顧客企業の情報システム部門の役割であり、そこでの評価はその管轄役員の意思決定に影響を与えるわけですが、その部門の管理

者にも、彼らの仕事の負担を増やさないことにつながる「故障率の低さ（壊れにくさ）」や「故障時の際のサービス対応の良さ」「長い保証期間（4年無償保証）」「カスタマイズサービス」などをアピールしたのです。

こうして、社内のユーザーと情報システム部門両面からの"レッツノート推奨の声"を、最終意思決定者である担当役員へ上げてもらいつつ、役員の関心事である「メンテナンスを含む"費用（投資）に見合う効果"の高さ」や「情報システム部門含む社員の生産性向上の高さ」など、経営的利点をも訴求し、攻勢をかけていきました。

もちろん、実際の取引条件をつかさどる購買部門の担当者には、「コストパフォーマンスの良さ（リーズナブルな価格）」や「充実した即納体制」などの説明も怠らなかったことでしょう。このように、顧客内の複数の意思決定関与者やその関係性（相互影響力）を緻密に考慮した戦略で、法人企業からの受注快進撃を続けていきました。

組織を動かす"説得"の基本、意思決定者"DMU"とは？

このように顧客企業を一括りに見なすのではなく、「複数の意思決定関与者が相互に関係し合う集合体」ととらえ、それぞれの関心事（ニーズ）を踏まえたアプローチをすることが重要です。

一つの組織であっても、権限や責任が分化しているため、それぞれの関与者は決して一枚岩ではなく、関心事、訴求すべきポイントが異なることが通常で、できるだけ主要な関与者すべてに訴求できるコミュニケーションをすることが望ましいのです。

この顧客の意思決定関与者のことを、「法人向け（生産財）マーケティング」の領域などでは、**DMU = Decision Making Unit**（意思決定単位／集合体）"と言い、顧客の「購買意思決定プロセス（DMP = Decision Making Process・稟議プロセス）」を把握することと並び、非常に重視される視点となっています。

しかし、このDMU、つまり意思決定構造の見極めの重要性は、何も法人顧客の営業攻略など社外活動に限った話ではありません。実は社内

CHAPTER

1 When

2 Where

3 Who

4 Why

5 What

6 How

において、自分（たち）の考えや企画などを"売り込み"、承認してもらい、仕事を推進（インターナル・マーケティング）する場合でも極めて重要な考え方と言えます。その際のポイントは、案件の意思決定に関与する主要人物を、次表のようにタイプごとに洗い出し、その関心事（前項で紹介したKICO要件）や相互の関係性（相互影響力）などをつかむことを通し、全体として、誰に対して、何を、どんな順番で、どうコミュニケーションするか、予め設計することです。

DMUは、役割によって6つに分けられます。ただし、すべての案件において6つが存在するとは限りません（関与者が少ないものも当然あります）。また、6つのタイプは必ずしも別々の人物になるとも限りません。起案者が使用者を兼ねる、使用者が影響者に、監察者が仲介者にもなるなど、1人が複数の役割を担う場合もあります。

図表3-3 「意思決定関与者（DMU）」のタイプ、役割、攻略のポイント

DMU タイプ	役割・意思決定への影響力	特定・攻略のポイント	人物の例 （関心事の例）
決定者 （ディサイダー）	**意思決定権限を持つ。** ・1人とは限らないし、組織や部門のトップとも限らない。取締役会などの場で決定される場合もある ・案件の規模（決済額）によって、社長決裁、部長決裁、課長決裁など、実質的な決定者は異なる ◆影響力：大（キーパーソン）	・**名目的な権威者ではなく、実質的な決定者を特定することが重要** そのためには、案件への関与度（知識）と重要度（権限）の両面で大きい人物を早期に見出す（聞き出す）ことがポイント	CIO（最高情報責任者）などの役員 ・投資対効果が高いか？ ・社員の生産性が高まるか？
影響者 （インフルエンサー）	**担当する役割に基づき、意見や情報を出し、意思決定に影響を及ぼす。** ・複数存在する場合が多い ・外部に存在する場合もある。たとえば、顧客の顧客、オピニオンリーダーや権威者、学識経験者などの場合もある（製薬会社ならば医師など） ◆影響力：中〜大（キーパーソン）	・**意思決定者の信頼が厚く、案件への関与度（知識）と重要度（権限）が大きい人物を特定することがポイント** ・重要な影響者の見極めやコンタクトは難しいので、最初から味方（自社／自分を支持してくれそうな人）に当たりをつけてアプローチし、信頼を勝ち取り、後押ししてもらうのも有効 ・自社／自分に対し、ネガティブな意見を持っている影響者を早期に見つけ、対策を講じる（火消ししておく）ことが重要 ・社内にも社外にも存在する場合があるので、業界や組織内部両方を広く見渡すことが重要	情報システム部門の責任者 ・自分たちの仕事の負担が重くならないか？ （故障率は低いか？ サービスが手厚いか？ 既存のシステムとの相性は良いか？）

使用者 （ユーザー）	商材やサービスを実際に利用（使用）する。**購買仕様の決定に影響力を持つ。** ・原材料（部品）や生産設備の利用者は工場の製造部門・生産ラインの作業者。PC の利用者は社員、会計ソフトの利用者は経理部門の社員などになる	・実利用者のニーズが企業の購買動機の原点であり、これを満たすことが必要条件 ・実際に使ってもらった「生の声」は何よりも説得力のあるデータとなる。これを上手に活用することが重要	外勤の多い営業マン ・使いやすいか？ ・軽いか、頑丈か、バッテリーの持続時間が長いか？
起案者 （ドラフター）	**案件を自ら起案する、もしくは、窓口となって外部からの提案を受け付け、意思決定ルートに乗せる。** ・（社内案件では）自ら起案者になる場合もある ・製造技術部が製造現場のニーズを汲み取って設備導入を起案する、購買担当者が商材の売り込みを受け付け、取引条件などを交渉（契約）する窓口（バイヤー）となると同時に、上層部に起案して意思決定を仰ぐ場合がある	・営業の場合、いつまでも顧客企業の窓口の購買担当者とだけ交渉を続けるのは、交渉がなかなか進まなかったり、価格勝負に持ち込まれてしまったりすることが多い ・営業の場合、案件をできるだけ上位に上げてもらうために説明資料作りを協力する、自社 / 自分の上位者を同行させる、**価格以外の専門的・技術的な課題、あるいは経営的な課題を提起し、「担当者では手に負えない感」を押し出し**、他の部門の重要な影響者や上位者、あるいはユーザーと話をする機会を早めに作ることがポイント（ただし同時に、起案者の顔をつぶさないことも重要）	購買部門の担当者 ・購買価格、品質、納期は問題ないか？ ・当該設備（PC）選択の理由を社内で説明できるか？
仲介者 （コネクター）	**起案者と、意思決定者や影響者との間に入り、引き合わせ（コントロール）を行なったり、情報のやりとりの仲介役になったりする。** ・キーパーソンと何らかの理由で強くつながっていたり、社内事情や人脈に精通していたりする ・外部にいる場合もある	・情報が多く集まる人、上層部にパイプがある人、社内事情や人脈に精通する熟練社員、社内外で一目置かれているオピニオンリーダー的な人などを早期に探し、キーパーソンへ意見をつけて、つないでもらうことが重要 ・その人に対する上層部の評価や信頼を増すことを暗に認識してもらう働きかけをすることがポイント	情報担当役員の上級秘書など ・情報担当役員に通す価値のある案件か？ ・役員や内部からの信頼を増すことができるか？
確認者 （チェッカー）	**担当する役割に基づき、起案内容が規定・条件にあったものかどうかをチェックする。** ・複数存在する場合が多い 提案内容が予算内に収まっているかをチェックする経理部門や、品質が自社の基準を満たすものかを点検する品質保証部門などがある （「影響者」ほど積極的な意見の具申はない人）	**できるだけ案件に対する確認者の数を増やさないように、金額面や仕様面などで工夫することが重要。**決裁額をぎりぎりに押さえ、より上層ポジションや他の部門の巻き込み（チェック）を減らすなど。	経理部門のリーダー ・設備投資額は予算内に収まるか？

CHAPTER

1 When

2 Where

3 Who

4 Why

5 What

6 How

　これらの頭文字をとって、「けえしきちか（形式知化）」と覚えておくと便利です。特に、キーパーソンである、「決定者」や重要な「影響者」を早期に見つけ出し、「起案者」「使用者」「確認者」など補完的役割を担う関与者にも注意しながら、キーパーソンの関心事やニーズに答える提案を作る、

直接会ってコミュニケーションする機会を作る、ことが重要です。

　加えて、組織の部門や階層を飛び越えて、キーパーソンへの引き合わせや情報のやりとりのパイプ役になりうる「仲介者」を早期に特定し、効果的に動いてもらうといった営みも大切です。昨今は、サービス経済化が進み、企業が顧客に提供する価値は、モノだけでなくサービスも含む複合的なものに変わってきていることから、顧客との接点も増え、そうした状況に柔軟に対応できる体制の必要性が増してきています。

　こうした中、企業も業務が細分化され、階層構造を持つ「分割型組織」から、構成員が縦横無尽に動きながらさまざまなつながりを生み出せる構造を持つ「コネクト型組織」に徐々に変わってきています。部門や階層をまたぎ、より有効なパス（コネクト役）となる「仲介者」（橋渡し役）を見極め、スピーディーに動いてもらうことが、ますます成功のカギとなってくるでしょう。

ゴダイチの解説　垂賀はどうすればよかったのか？

　改めて、冒頭のケースについて簡単に見ていきます。

　垂賀はメンバーの高木に、案件獲得には「顧客理解が大事」と言いながら、攻略企業の顧客を一括りで見ており、「顧客内の複数の顧客（関与者）やその関係性」にまで目が行き届いていません。重要な新規案件にもかかわらず、企業レベルのニーズに留まり、その内部の関与者レベルのニーズまで掘り下げるようなアドバイスになっていないのです。

　「この会社（組織）に、どんなことを訴求するのか？」「先方（会社）の関心事をもっとつかんだほうがいいのでは？」というレベルの問いではなく、「この会社（組織）の誰に、どんなことを訴求するのか？」「その会社にはどんな複数の関与者がいて、それぞれどんな関心事を持ち、どんな関係性なのか？」「特に影響力のある人（キーパーソン）は誰か？」「影の影響者は誰か？」など、

"Who（誰）レベル" の問いかけにまで落とし込むことがポイントです。

会社内外にかかわらず、了解を得られるコミュニケーション（説得）をするには、組織を一括りで考え、関与者を一緒くたにして、あれもこれも言いたいことを総花的に並び立てるのでは、印象に残らず、成功はおぼつきません。

そうではなく、組織内の複数のDMU（意思決定の関与者）を認識した上で、それぞれの関心事（ニーズ）を分けて考え、その相互の関係性に留意しながら、全体として、誰に、何を、どんな順番で、どう訴求するのかを予め設計するのです。それには、次のような「DMUマップ」を作成するとよいでしょう。

ケースの大手外食企業R社であれば、交流会で知り合った品質部課長から紹介してもらった、窓口の食材仕入部の課長に対し、高木が言っているように、なんでもかんでも"総合的にアピー

図表3-4　DMUマップ〜意思決定の関与者、関係性、影響力を明らかにする

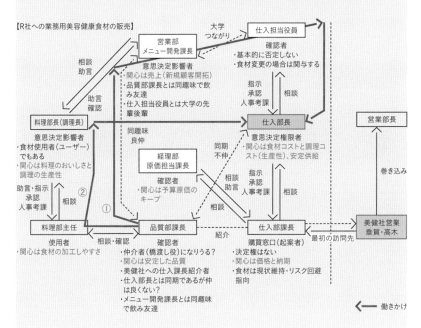

CHAPTER

1 When

2 Where

3 Who

4 Why

5 What

6 How

ルする"のは逆効果でしょう。

　かと言って、購買担当の仕入部課長が関心あるであろう価格や納期だけにフォーカスしてしまうのは、自社の強みが活かせず、得策ではありません。またこのルートのみから直属の上司であり、案件の意思決定キーパーソンであろう仕入部長を攻めても効果は薄そうです。

　そこで、たとえば面識のある品質部課長から顧客内部のDMU（意思決定関与者）構造やその関係性などをできる範囲で事前に聞き出す、あるいは初回訪問で仕入部課長から情報収集するなどによって、マップを描いていきます。

　細実線はR社内の指示・情報伝達の流れですが、それだけでなく細点線のような「裏の事情や裏の関係性」なども可能な範囲で調べ、実質的な意思決定者や重要な影響者などの早期の見極めも含め、全体像を明らかにしていきます。その上で攻略方針を検討し、アクションに移すわけです。

　仮に仕入部課長を紹介してくれた品質部課長が、社内人脈が多くパイプ役を厭わない「仲介者」になりうる人だとすると、たとえば図中①②の太線で示す働きかけ（依頼）が、以下のようにできるかもしれません。

①品質部課長は、案件の意思決定権限者である仕入部長への直接的な仲介は難しいけれど、親密な間柄である意思決定影響者の一人、営業部のメニュー開発課長を通し、彼と太いパイプのある仕入担当役員から、仕入部長に美健社を押してもらうように働きかける（安定品質、顧客増加につながるメニュー開発提案や即納体制などを訴求しつつ）。

②品質部課長が日常的にやりとりしている、食材使用者の料理部主任に試しに商材を使ってもらうように働きかけ、加工のし

やすさ（調理の生産性）を実感してもらう。そして、この料理部主任の上司であり、案件の意思決定影響者の一人、料理部長から、加工のしやすさとコストパフォーマンスの良さなどを仕入部長に訴求してもらうように働きかける。

このように、<u>組織内の複数のDMUと関心事、関係性を事前に俯瞰したコミュニケーションをメンバーに励行させる</u>ことで、承認をスピーディーに勝ち取り、仕事を前に進められる組織に変えていくことが大切です。

---

⑧ Who の問いかけ 人物関係性の俯瞰
_____

「その会社に、何を訴求するのか？」
⟶「その会社（組織）の誰に、何を訴求するのか？」

「先方の関心事は何か？」
⟶「先方には、どんな複数の関与者がいて、それぞれどんな関心
　事を持ち、どんな関係性なのか？」
　「特に影響力のある人（キーパーソン）は誰か？」
　「影の影響者は誰か？」

CHAPTER

1 When

2 Where

3 Who

4 Why

5 What

6 How

営業部、特に新規顧客開拓を担う垂賀のグループの残業時間が増え続けており、その状況と対策についてグループで話し合っている。

土田「残業についてですが、現状のわが部の活動スタイルでは、営業担当者が見込み客の発掘から管理まで、内部業務も外部業務もすべて行ないます。ただでさえ多忙な上に、このところの新商品投入の影響もあり、全体の労働時間はますます増えている状況です」

垂賀「うん、状況はわかった。で、どんな解決策が考えられそうかな？」

土田「やはり人員不足と効率の問題かと。こういう場合には一般的には、人数を増やすか、1人当たりの生産性を上げるか、だと思いますが…」

垂賀「原因でも打ち手でも、何か仮説はないの？」

土田「一般的には、外注化や顧客の絞り込みで対処しているかと…」

　自信なさげな（はぐらかし気味の）土田の話に、垂賀は、そんな一般論が聞きたいのではないと思いながらもしばし沈黙していると、もう一人のメンバー水野が、しびれを切らしたかのように言った。

水野「"内勤型の営業部隊を新設"してはいかがでしょうか…？」

　垂賀は考えた。確かにBtoB営業の分野では昨今、"インサイドセールス"なる手法が出てきている。内勤型でメールや電話、Web会議ツールなどを活用し、遠隔（非対面）で営業活動する仕組みであり、こうした組織を新設すれば、現メンバーは提案・商談という本来（コア）業務に集中できるし、残業を減らせる可能性はある。

垂賀「なるほど。アイデアとしてはありだと思う。でも、逆に人件費は増えてしまうわけだよね？」

水野「まぁ、そこはちゃんとシミュレーションしてみないとわかりませんが…。部門として残業代と交通費が削減できると思いますし」

垂賀「うん。でも残業代と交通費が減るだけでいいの？」

水野「今は残業時間が問題ですから、それは解決できますよね？」

垂賀「"内勤型の営業部隊の新設"って、思い切った提案だと思うけど、この案が承認されるには、その理由（メリット）だけだと、目線が低くないか？物足りなくない？」

水野「物足りないってどういう意味ですか？」

垂賀「いや、他に何か必要な論点や理由はないのかなと…」

水野「…………？」

　垂賀は、この議論の内容が、上の承認に堪えうるレベルになっていないと思いながらも、具体的にどう問いを投げかければよいか、歯がゆく感じていた。

垂賀の問い・指示・指導・進め方などの問題点を考えてみましょう。

CHAPTER

1 When

2 Where

3 Who

4 Why

5 What

6 How

視座転換の働きかけ

「"地球レベル"ではどう見える?」
「社長ならなんて言う?」

⬚ 視座が低く、発想の広がりのない議論を改善するには

　ケース自体の解説は後述するとして、ケースの後半で、「目線（視座）が低い」という垂賀の問題意識が挙がっていました。ここでは「視座のレイヤー（階層）」ということについて、先に押さえていきます。

　たとえば、「ゴミの分別」。朝の出がけにプラスチックゴミを持っていく際、「それ何のためにやっているの?」と聞かれ、「パートナーから頼まれちゃって。きちんと分別して出さないと処理してもらえないから」と言っているとしたら、それは「家庭のゴミ対策」、視座は"個人レベル"です。

　ではゴミの分別の"地域レベル"での意味（効用）は何でしょうか? たとえば、ゴミ収集効率を上げる、ゴミ焼却率を下げることによる地域財政や地域の環境美化への貢献など、複数の効用があるでしょう。

　さらに、もっと視座のレイヤーを上げ、ゴミの分別を"国家レベル"でとらえると、資源の乏しい日本のリサイクル資源対策への貢献につながります。

　そして、もう一段レイヤーを上げれば、「"地球レベル"の資源問題の解決」にも通じます。地球の資源枯渇、大気・海洋汚染、さらには万国の観光資源となる自然や生態系への影響、食糧安全保障、外交など多岐にわたる問題、まさに今日話題となっているSDGs（2015年国連で採択された持続可能な開発目標）達成への小さな一歩にもなるのです。

　あるいは、「ダイエット（食事制限）」。この行為の意味（効用）は、体重が減って健康になる（医療費が減る）、美しくなって異性にモテる、

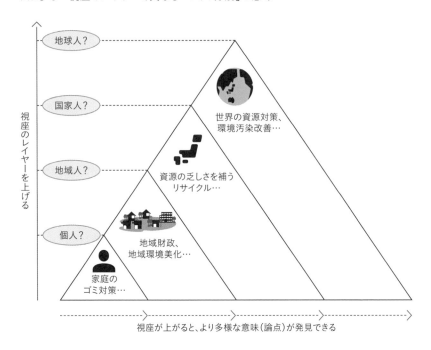

図表3-5　視座のレイヤーで異なる「ゴミの分別」の意味

視座のレイヤーを上げる

地球人？

国家人？
世界の資源対策、
環境汚染改善…

地域人？
資源の乏しさを補う
リサイクル…

個人？
地域財政、
地域環境美化…

家庭の
ゴミ対策…

視座が上がると、より多様な意味（論点）が発見できる

食費が減るなど複数あるでしょう。しかし、これらは個人や家庭のレベルでのダイエットの意味にすぎません。そこからさらに一段、二段、三段と視座のレイヤーを上げてとらえることもできます。

　"地域"にとってのダイエットの意味は何か？　さらに、その上の"国家"のレイヤーでは、ダイエット熱が高まる（ダイエットする人が増える）と、どんな構造変化が起こせそうか？　つまり、"国家人"の視座から見た、ダイエットの意味です。

　たとえば、地球のレベル（地球規模）でダイエットをとらえると、"肥満（過食）"とその対極にある"飢餓（少食）"という2つの大きな社会課題の解決も可能になります。実際、こうした地球規模での食料需給の不均衡の解消に一役買っているのが、日本発のNPO法人、「TABLE FOR TWO」です。

日常の「ゴミの分別」や「ダイエット」は多くの人が現実に行っていることですが、こうした小さな行為も、地球の視点、"地球人"の視座でとらえることによって、「世界レベルの資源対策」や「世界の食料需給の改善」につながっています。

このように、本来、視座（立場）の違いによって、物事の意味合い（価値）は多様に変わるわけですが、通常私たちは周囲から言われなければ、自分目線でしか物事の意味合いをとらえられないものです。

そこで重要なのが、マネジャーによる「視座転換の働きかけ」です。「自分が誰の視座（立場）で、どの次元・階層から、物事を見ているのか？」を客観的に認識する"レイヤー意識"を持つことは、より高いレベルの意味合いや本質的な課題をとらえる上で、有効なアプローチになります。

CHAPTER

1 When

2 Where

3 Who

4 Why

5 What

6 How

ゴダイチの解説 垂賀はどうすればよかったのか？ その①

改めて、冒頭のケースについて解説していきます。上述とのつながりで、まずはケースの後半（水野とのやりとり）から見ていきましょう。

垂賀は、営業部の残業対策として水野が挙げた"内勤型の営業部隊（インサイドセールスチーム）の新設"という対策を斬新な案だと思いつつも、その意味（理由づけ）が上層部の承認を得るには"視点（レベル）が低い"と思っているようです。

そこで、「その理由（メリット）だけだと、目線が低くて不十分じゃないか？ 物足りなくないか？」などの投げかけによって、発想や議論を広げさせようと奮闘していますが、ダイレクトすぎ、かつ、意図がわかりにくい問いかけゆえ、かえってメンバーを混乱させ、落胆させる結果になってしまいました。

目線が低く、視野が狭い論点に入り込んでしまっているとき、議論が暗く、話が行き詰まってしまっているときには、本章の冒頭でも押さえたように、「Who：それは誰の視点なのか？」を

意識してもらうのが原則です。その上でさらに、「部長からは、どう見えるだろうか？」「社長だったら、何と言うだろうか？」「（長期的な企業価値を重視する）株主だったら、どんな評価をするだろうか？」、さらに、「あなたが社長なら、どんなことを考えてほしいか？」など、半強制的に視座転換を促し、発想を広げるような“仮定質問”を投げかけると効果があります。

ただ、「目線が低いのでは？」「もっと視点を上げられないか？」「もっと視野を広げられないか？」という問いだけでは不十分。それよりも、特定の立場を想像させる問いこそが重要です。

ちなみに、本ケースの“内勤型の営業部隊の新設”という提案（“A案”とします）の意味（理由）づけとを考えるなら、次のようなものになるでしょう。

①新規顧客グループの目線

まず、メンバー水野の発言のように、新規顧客開拓グループの目線では、とりあえず、

・残業時間（残業代）や移動時間（宿泊・交通費）等の削減

というレベルでよいのかもしれません。しかし、新しい部署創設の提案となると、営業部長、さらには役員クラスの承認が必要になってくるでしょう。となると、外部環境変化も含む、事業目線、経営目線での包括的、中長期的な戦略レベルの意味（理由）づけを用意しておく必要がありそうです。

②営業部長の目線

営業部長からすると、売上アップや営業生産性向上がミッション（最重要課題）になるでしょうから、A案によって、ただコストが削減されるだけではなく、たとえば、

・Ａ案はシステム化も伴うことになるので、顧客データの統合・蓄積によるナレッジの迅速な共有（属人化の防止）が飛躍的に進み、営業生産性の向上（見込客１件当たりの営業費用・時間の削減）も期待できる。
・訪問営業より数倍多く顧客にアクセスでき、潜在・休眠顧客の案件化（掘り起こし）もやりやすくなるため、売上アップにもつながる。
・昨今はインサイドセールスの「営業代行会社」も増えているので、アウトソーシングなどの流れに乗ることで、近い将来、人員削減も期待でき、営業生産性を飛躍的に高める可能性も秘めている。

　などの意味合い（メリット）も付加すると、一層説得力が高まりそうです（もちろん、デメリットやＡ案の代替案との比較も合わせて考慮し、述べる必要があるでしょう）。

③社長の目線
　さらに社長からすると、経営者として食品業界における企業地位（持続的な競争力、評判など）の向上が最重要課題でしょうから、内部事情のみならず中長期的な外部環境の変化も考慮する必要があるということを踏まえると、たとえば、

・Ａ案という、営業のシステム化や外注化につながる施策によって、シニア人材の再雇用や、人口減少による長期的な人材不足の解消のきっかけになり、長期的な競争力の維持、向上に結びつく。
・Ａ案（内勤型）は時間や場所に縛られない勤務形態も視野に入るため、全社的な働き方改革（リモートワークなど）を一層推進できる可能性を秘めている。
・ネット環境の変化による「買い手優位、買い手主導」の流れの中で、顧客への継続的な情報提供や関係強化を、Ａ案を足がかりに飛躍的に進められる可能性があり、真の顧客指向の組織文化を作るはずみができる。それが株主や労働市場をはじめとする外部の評判向上にもつながる。

CHAPTER

1 When

2 Where

3 Who

4 Why

5 What

6 How

・海外（欧米など）では外勤型セールスより、内勤型セールスの比率や成長性が高く、日本でもその流れが早晩訪れることが考えられる。また、Ａ案的な施策をすでに取り入れている先進的な競合もあり、早期の導入は勝ち残りの必須条件となる。

　などの意味（理由）づけが加わると、まさに社長の視座、社長の関心に沿った提案となり、説得力が増すでしょう。

⬚ 経営的イシューに関心を持つ（持たせる）クセをつける

　ただ、実際に経営者の視座で関心事（本章前述の「KICO要件」）をとらえることはそう容易ではありません。大きい組織などでは、普通の人からすると社長などは"雲の上の存在"になっていて、接点がほとんどない場合も少なくありません。だからと言って、「知らないものは理解しようがない」と、諦めてしまうのは早計です。自分もメンバーと一緒になって、"近づく"、"調べる"、"知る"、"想像する"努力はすべきです。

　もちろん、「視座転換」の対象となる人（役員クラス）の"人となり"や関心事を理解するには何か魔法があるわけではありませんが、次のようなことを日頃から実践する（させる）と、その助けになるでしょう。このリストは、私の講義の受講者の１人が、アンケートを取り、まとめてくれたものです。参考にしてください。

接点が少ない経営層の関心事などを把握するための
日頃のアクション

①間接的に調べる
・社歴、職歴などのバックグラウンドを調べてみる
・現在、何をミッション（役割、目標）としていて、実際にどんなテー

マ（権限範囲）の意思決定をしている人なのかを簡単に調べ、自分なりに想像してみる

・現在、直属で接している人に話を聞いてみる

・その人が若い頃にメンターをした人、育てた人を探して話を聞いてみる

・秘書と仲良くなって情報を得る

・その人のSNSの投稿や書いた論文などを探してみる

・過去の社内報を調べる

・その人が担当した新入社員向けの講話資料などを人事や新人から入手する

・その人の席にある雑誌などを見る（知る）チャンスを作り、自分も読んでみる

・同業他社の類似役職者について研究してみる

・経営視点（経営理論）を学ぶ

・取り巻くマクロ環境、競争（代替品）環境、自社の戦略などにもっとアンテナを立てる

・幅広い教養・知識を身につける。その人が読んでいそうな本などを読み漁る

②直接的に対話を試みる

・思い切ってランチや飲み会に誘ってみる（今の関心事や懸念事項を聞いてみる）

・株価や決算、経済、働き方改革など、ビジネスパーソンとして共通の話題を振ってみる

・その人が欲しがっている情報を（一部）収集させてもらう

・その人が参加する会議の資料や議事録を（一部）作らせてもらう

・その人の領域（テーマ）に関する自分なりの意見を考えて相談してみる

CHAPTER

1 When

2 Where

3 Who

4 Why

5 What

6 How

　さて、次は冒頭ケースの前半（土田とのやりとり）の部分を見ていきましょう。

　メンバーの土田は、事実整理や一般論に終始し、自分の考えや意見をはっきり述べていません。そういうキャラクターなのか、自分の主張に責任を負いたくない（リスクを取りたくない）のか、よく考えていないのか、はっきりわかりませんが、昨今の若手は、どうも２番目の傾向が強く、自分の主張が少ないということをよく聞きます。

　いずれにせよ、一般論の展開や主語がはっきりしない言い回しがクセになっていると見受けられるメンバーに対し、ケースの垂賀のように、ただ黙っているだけでは、メンバーのスキルアップや成長を促すことができません。

　こうした場合には、「（一般論ではなく）あなたの意見を聞かせてほしい」と、"I（アイ）メッセージ"で伝えてほしいことを真摯に求めることが大切です（その際、しっかりと相手の目を見て伝えます）。これも「視座転換の働きかけ」の技法の一種と考えていいでしょう。

①メンバーに"I メッセージ"を求める
　「自分はこう思う」「自分はこうしたい」という"I メッセージ（自分なりの主張）"を宣言させる効果としては、次のようなものがあります。

・論理的思考が身につく
　単なる事実や抽象論ばかり並び立てるメンバーには、「で？」や「ということは？」という「促し言葉」を添えるだけで、自分なりの解釈（仮説）や意見を述べるはずみがつくはずです。自分の意見（主張）を明確に言わせれば、今度は「なぜならば

〜だからだ」と、相手はその根拠（事実情報）を揃えざる（言わざる）を得なくなります。こうした小トレーニングをミーティングの場などで繰り返し行なっていけば、メンバーの論理的思考力は格段に鍛えられていきます。

・実行について責任を持つ

「自分はこうすべきと思う、こうしたい」と宣言させることで、心理学で有名な「コミットメント効果」が働きやすくなります。自分で決めて宣言したことは、責任を持って最後までやり抜こうという心理が促進されます。これを「一貫性の法則」と呼びますが、「あなたなら、この場合どうする？」「もし君が上司だったら、この職場をどう変える？」といった、相手に「私主語で宣言させる」ことを促す問いは、自分に矢を向けさせ、当事者として考え、行動してもらう上で有益です。

②自らも "I メッセージ" を出す

もう一つ、このケースでの垂賀の言動の問題をつけ加えると、実はメンバーの土田だけでなく、垂賀自身にも "I メッセージ" がないという点です。

垂賀はいわゆる「コーチング」に徹しすぎて、自分の意見を示していない、「ティーチング」を行なっていないように見受けられます。たとえば、「垂賀自身、残業低減策をどう考えているのか、インサイドセールスの動向をどうとらえているのか、その部門の新設をどう思うのか」などについてです。

ちなみに、周知の通り、「コーチング」とは、「他者からの問いかけによって、問題を意識化させ、振り返り（リフレクション）を促し、目標達成に向け、支援する技術」です。内外環境が変化する中、部下育成テクニックとして、日本においては 2000 年代後半から急速に企業に普及しました。

"答え" は現場の当事者である部下が持っている。だから、情報

CHAPTER

1 When

2 Where

3 Who

4 Why

5 What

6 How

提供してはいけない、自分の意見を言ってはいけない、教えてはいけない。メンバーに気づかせる、メンバーから引き出すことに徹するべきだ、という考え方です。こうした「ティーチングは悪、コーチングは善」という「過剰コーチング症候群」が蔓延し、必要なときでも「主張しない上司」「教えない上司」が増えているのです。

　しかし本来は、メンバーが未熟で経験・知識・スキルがない、メンバーが自分の考えや行動に自信を持てていない、議論がモヤモヤして張り合いがないなどの場合、上司もしっかり"Iメッセージ"を出すべきなのです。

　実は、「上司は教えてほしいときに教えてくれない」「上司の考えがはっきりわからない」「上司は質問するだけで、物足りない、頼りない」と感じているメンバーは意外に多いということが、私たちの調査でもわかっています。

　ですから、「私の意図は〜、私の思いは〜、私の考えは〜、私の期待は〜」という「Iメッセージ」を、会議の場や部下へのフィードバックの際などでは、もっとしっかり伝えたいものです。

　ただし伝えるタイミングや頻度は重要です。まだアイデア出しの意見交換すら始まっていないミーティングの最初の段階でいきなり「私の考えは〜」と言い出してしまう、逆にメンバーへのフィードバックの際の主論点の特定や事実指摘が後手に回ってしまうのは避けるべきですし、Iメッセージに対する周囲の意見には"オープンマインド"で耳を傾けるべきです。

---

⑨Whoの問いかけ 視座転換の働きかけ

「他の発想はできないか？」
→「それは、"国家人"、"地球人"、あるいは"宇宙人"から見ると、どう見えるだろうか？」

「国家視点（天下国家の立場）、地球視点で見ると、どんな意味があるだろうか？」

「目線が低くて不十分じゃないか？　物足りなくないか？」
→「社長（部長）だったら、何と言うだろうか？」
　「（長期的な企業価値を重視する）株主だったら、どんな評価をするだろうか？」
　「あなたが社長なら、どんなことを考えてほしいか？」

「（事実整理や一般論に徹し、当事者意識が低い人に対して）もっとはっきり答えてほしい」
→「（一般論ではなく）あなたの意見を聞かせてほしい」
　「"Iメッセージ"で伝えてほしい」
　「あなたなら、この場合どうする？」
　「もし君が上司だったら、この職場をどう変える？」

CHAPTER

1　When

2　Where

3　Who

4　Why

5　What

6　How

施策作りや問題解決のカギとなる
"When、Where、Who"

前半では When、Where、Who について、個別に見てきました。

この3つを、あえて「セット(まとまり)」としてシンプルに示すならば、次のようになります。

図表C-1　前半の3つ、後半の3つをセットで使うなら?

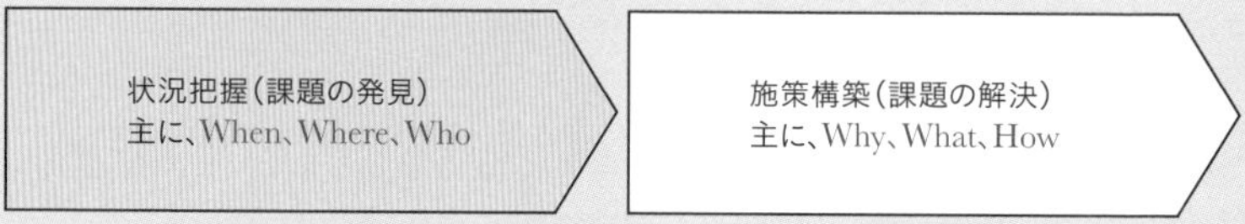

| 状況把握(課題の発見)
主に、When、Where、Who | 施策構築(課題の解決)
主に、Why、What、How |

特に前半で押さえた3つの要素は「状況把握」のカギとなる問い、そして後半で押さえる Why、What、How の3つの要素は「施策構築」のボディとなる問い(何のために、何を、どのように行うのか)の3層構造としてとらえることができます。

状況把握のゴールは大きく「課題の発見」、施策構築のゴールは「課題の解決」と言い換えてもよいでしょう。また、部下指導の場合ならば、前者は主に「確認のフェーズ」、後者は主に「指示のフェーズ」と言えるかもしれません。

上述を踏まえ、5W1H の問いをビジュアルで示すと次頁の図のようになります。ヒト型です。たとえるならば、Who は主体・主語を表す「顔」、When と Where は時間軸、空間軸を掌握するための左右の「腕手」、Why は思いや動機をつかさどる"心(臓)"が位置する「胸」、What は実質の中身を示す「胴」、そして How は行動や手段の象徴としての「足」という感じです。

CHAPTER

1 When

2 Where

3 Who

4 Why

5 What

6 How

図表C-2　5W1Hの問いの関係図（ヒト型になる）

　このように示すと、文字通りボディ（体幹部）に位置する、Why、What、How がより重要に見えますが（もちろんこの部分も重要ですが、効果的な施策の立案や顧客の課題解決において、カギとなり、そして今後ますます重要になってくるのが、実は前段の **When**、**Where**、**Who** を中心とした「状況把握」の問いなのです。その理由を以下２つのシーンで説明します。

シーン①メンバーへの指導、チームの問題解決には？

　１つめは、メンバーへの指導やチームの問題解決などの場面です。発展途上国の支援などの国際協力に取り組む NPO 法人「ムラのミライ」のコンサルタントである中田豊一氏らが開発・体系化した質問術に、「メタファシリテーション（対話型ファシリテーション）」というものがあります。

　この質問術は一言で表すと、「Why（なぜ）？と聞かず（その代わりに）、より簡単な When（いつ）？、Where（どこで）？、Who（誰が［と・に］）？、What（何を）？の４つの"事実質問"を徹底していくことによって、当事者（被質問者）が思い込みに囚われることなく、正確な状況や課題の把握、解決策の立案につながる示唆を"主体的に"導き出す手法」です。中田氏は著書の中で体験に基づく数々の事例を挙げてこれを説明しています。

・村の子供の病気を減らすには？

　たとえば、ある発展途上の地域では、子供の病気（特に下痢）が多いことが問題になっていました。中田氏らは当初、「子供たちが下痢になってしまうのはなぜなのですか？」と、いきなり Why を問いかけていたそうです。それに対して村人たちは「清潔な飲み水がないから、井戸がないから」と答え、それを受け、井戸掘りが実行されました。

　ところが 1 年ほど経って、その井戸はほとんど使われることなく、この計画は失敗に終わっていたことがわかったのです。村人たちは「なぜ？」と聞かれると、資金や技術援助を期待して、本当の原因や有効策をしっかり考えることなく「井戸が必要だ」と、手段（支援）ありきの結論を導いてしまう傾向があったのです。

　このように、"事実"を確認することなく拙速に Why（なぜ）を問うた結果、正しい答えを導けず、あまり必要ないものを作ってしまった苦い経験を反省し、Why 以外の疑問詞を中心とした"事実質問"による対話手法を開発したわけです。

　鉄則は「考えさせるな、思い出させろ」です。"事実質問"とはたとえば、「最近、子供の下痢で苦しんでいた家族はいるか？ それはいつだったか？（When）」「この地域のどこの村の子供たちに特に下痢が多いの

図表C-3　まずは村人に「状況把握の問い」を投げる

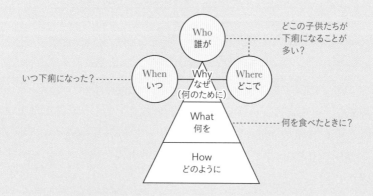

か？（Where・Who）」「何を食べたときに下痢になることが多いのか？（What）」などを指します。こうした単純な事実だけを確認する質問を積み重ねていく中で、相手の現実を浮かび上がらせていくことが大切だということです。

実は、飲料となり得る清流は少し遠くにあっても、汲みに行けないことはなく（必ずしも管理のいる人工の井戸が必要なく）、また、下痢の原因は、消化の悪い離乳食を頻繁に与えていること、子供たちの栄養状態がよくないこと、こうしたことが要因であることも多いわけです。

・失敗続きで落ち込んでいるわが子には？

身近な例ではこんな話も載っています。夕食のテーブルに着いた中学生の息子が冴えない顔をしているので、「メタファシリテーション」講座を受けた、ある国際協力コンサルタントの母親（Aさん）がどうしたのか尋ねたら、「僕、この頃よく宿題を忘れて先生に叱られるんだ」とのこと。

ここで「どうして忘れちゃったの？」と問い詰めたいところをぐっとこらえ、Aさんは公式にならって「一番最近忘れたのはいつ？」などとと聞いたのです。息子は「1ヵ月くらい前かな。そのときも先生に注意

図表C-4　まずはわが子に「状況把握の問い」を投げる

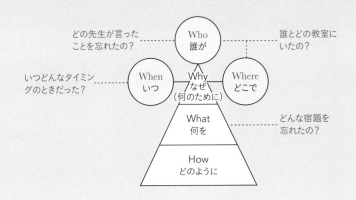

CHAPTER

1 When

2 Where

3 Who

4 Why

5 What

6 How

された」と。Aさんは引き続き"事実質問"に徹して「じゃあ、その前に忘れたのは？」と聞くと、息子は思い出そうとしているうちに、少し晴れやかな顔に変わり、「そう言えば、その前は忘れたことなかったかもしれない。全然思い出せない」と答えたそうです。

　生真面目な息子さんは、2度続いただけの失敗を、「よく忘れる」という言い方で一般化して気に病んでいたわけですが、母親の質問に答えているうちに、自らそのことに気づき、気持ちを持ち直すことができたということです。

　もちろん、仮に頻繁に宿題忘れがあるようならば、「なぜ？」を使わずに、たとえば、「どんな宿題を忘れたの？」や「どの先生の言ったことを忘れたの？」「どんなタイミングで先生が言ったことだった？」「誰と、どこの教室にいるときだった？」などの問いも有効です。

　こうした軽い事実を確認していくだけで、相手は問題の起きた状況や動機、原因について自然に思いを巡らせ、自分の思い込みと現実のギャップに気づき、「じゃあ、次から忘れないようにどんなこと気をつける？」などとあえて聞かなくても、自らそれを語り始めることが多いのです。「なぜ？どうして？」を聞きたくなったら、それを一度飲み込んで「いつ？」「どこで？」「誰が（に・と）？」という問いに置き換えるべしということです。

　実はこのポイントはCHAPTER2-5「"どこ・なぜ"順のクエスト」で押さえた内容と重なることはもうおわかりだと思います。上述のWhy以外の4つのWを使った"事実質問"は、大きく「"どこ"に問題があるのか」――客観的に事実に当たり、状況をいろいろな角度から眺めることで、「Where：問題箇所」を切り取るための視点（切り口）を相手と模索しているフェーズと言えるでしょう。

　繰り返しになりますが、Why質問は、「正しい使いどころ」で使うぶんには非常に有効です。ただ、問われた側が状況をよく把握（言語化）できていなかったり、自分に負い目があったりする場合には、防衛（言

い訳）や忖度（理想論）に向かってしまうことが多いのです。

　昨今の若手は特に「直球の Why 質問」にはプレッシャーや苛立ちを感じやすいと言われている中、Why ？を最初のうちはできるだけ使わない、When、Where、Who を主とした"事実質問"による状況把握は、ますます重要になると言えるでしょう。Why の外堀からアプローチしていくのです。

シーン②顧客の課題解決、真のニーズ把握には？

　もう一つは、顧客を理解し、商材や事業を立案する際です。こうした場面でも、**When**、**Where**、**Who** の問いを中心とした「状況フォーカス」のマーケティングが今後ますます重要になってきます。

　言うまでもなく、顧客課題を解決するには、「顧客」を理解し、「ニーズ」を把握することが大切なことは昔も今も変わりはありません。しかし、ターゲットとする"顧客のプロフィール"と"その属性の人たちの一般的なニーズ"という「属性フォーカス」でとらえるだけでは、昨今の細分化、多様化するニーズを目の粗いざるですくい取るようなものです。

『イノベーションのジレンマ』で名高い、世界的な経営思想家であるハーバード・ビジネススクールのクレイトン・M・クリステンセン教授らが著した『ジョブ理論　イノベーションを可能にする消費のメカニズム』。この中で、"ミルクシェイク"の話はよく知られた事例です。

「属性フォーカス」でわかるニーズは表層的

　あるファーストフード・チェーンは、ミルクシェイクの売上を伸ばすべく、数ヵ月をかけて詳細な調査を行っていました。

　こうした場合ありがちなのは、たとえば、「**Who**：ビジネスパーソンの 30 代男性」が、「**Why**：甘くて、冷たくて、とろりとした口当たりを通して、一時の幸せな気分を味わいたい」という"一般的"なニーズに集約してしまうパターンです。でもこれだけでは、現在の細分化する購買（使用）状況をとらえきれません。

CHAPTER

1 When

2 Where

3 Who

4 Why

5 What

6 How

図表C-5　「属性フォーカス」の顧客理解　ミルクシェイクをよく買う顧客

Who
誰が:
30代男性
ビジネスマン

Why
何のために:
甘くて、冷たくて、とろりとした
口当たりで、
幸せな気分を味わいたい
一般的、平均的ニーズ

　事実、このチェーン店はミルクシェイクを購入する典型的な客のプロフィールを調べ上げ、その層に対して「どんな点を改善すれば、ミルクシェイクをもっと買いたくなるか？　値段はいくらがよい？　量は多くする？　もっと固く凍らせる？　どんなフレーバーが好み？」など詳細にわたって質問調査し、それに応えて商品の改善をいくつか試みた結果、何も売上の変化は起こせなかったのです。

　しかし、残念ながら、こうした単なる「属性フォーカス」による「表層的／一般的ニーズ定義」のアプローチはまだまだ至るところで行なわれています。

「状況フォーカス」で真のニーズをつかむ

　一方、クリステンセン教授らのアプローチは、「来店客の生活に起きたどんな"ジョブ（用事、仕事）"が、彼らを店に向かわせ、ミルクシェイクを"雇用"させたのか？」というものでした。

　ここで言う「ジョブ」とは「顧客の片づけたい、機能的、感情的、社会的な用事（課題）」です。より"本質的"な目的（Big-Why）と言ってもよいでしょう。的確にジョブを発見（定義）できれば、おのずと解決策の道筋は見えてくるということです。

そしてこのリアルなジョブ（Why）を発見する際にキーとなるのが、Who に加え、When や Where などをベースに派生する「状況フォーカス」の問い、「誰（どんな人）が、いつ、どんな過程で、どこで、どんな場面で、誰といるときに、誰に対して、何をしているときに、何と一緒に、何の代わりに、それを雇う（使う）のか？」といった問いなのです。

　私はこれを次図に示すように、中心の Why（ジョブ：真に解決したい用事）を浮き出たせるための "状況把握の問いの輪" と呼んでいます。

図表C-6　「状況フォーカス」の顧客理解　その①車で朝の通勤時に来店

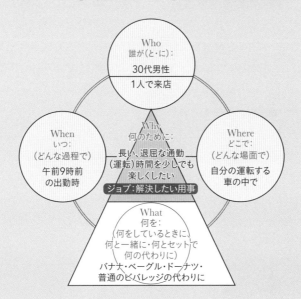

CHAPTER

1　When

2　Where

3　Who

4　Why

5　What

6　How

　たとえば、前述の「30代のビジネスマン（男性）」であれば、クリステンセン・チームの調査（観察やインタビュー）によって、「午前9時前に（When）、1人でやってきて（Who）、それ（ミルクシェイク）だけをさっと買い（What）、店内で飲まずに出勤先まで自分の運転する車の中（Where）で飲む」という「状況」が明らかになったのです。それらが明らかになれば、このターゲットのジョブ（解決したい用事や課題）は推測しやすくなります。

ターゲットは、「長い、退屈な通勤（運転）時間を少しでも楽しくしたい」というジョブを持っていました。バナナだとすぐに食べ終わってしまうし、ベーグルは味気ないし、ドーナツやジャムパンは手がべたべたするし、スニッカーズでは甘すぎるし、ふつうのビバレッジでは腹持ちが悪い。細いストローでだらだら楽しめる、とろりとしたミルクシェイクが、このターゲットのジョブを解決するには最適なのです。

　このように、顧客体験の「状況」が詳細にわかれば（イメージできれば）、Why（真に解決すべきジョブ）を明確に定義しやすくなり、次は改めて「施策構築」の３層構造、つまり「何のために、何を、どのように行うのか（どんな体験価値をどのように提供するのか）」の中身が見えてきます。たとえば、セルフでさっとカップに入れられるオペレーションにし、長時間楽しめるような、いくらか濃厚で溶けにくい、時折刺激的なフレーバーが口中を襲う…。そんな工夫をすることで売上を大きく伸ばせる可能性が高まるわけです。

　こうした点は、ただ顧客の「属性」（年齢、性別、職業、所得、学歴、配偶者有無、家族構成、居住地、趣味など）を詳しく調べ上げても、よっぽどの洞察がない限り、発見できません。逆に、デモグラフィック（人口動態的）なプロフィールが違っても（調べられていなくても）、同様の「状況」にある顧客ならば、ジョブや解決策は共通していることがわかります。

「状況」が変われば「目的」も変わる

　一方、同じ属性の「30代のビジネスマン（男性）」でも、夕方（When）、小さい息子と立ち寄り（Who [m]）、店内や公園などで座って（Where）飲む」という「状況」であれば、当然解決すべきジョブも違ってきます。

　小さい子供を持つ親であれば、ふだんは「あれはだめ、それはやってはいけない、これはしないよ」と諭すことの連続です。でも週末の、息子が好きなミルクシェイクをせがまれたときくらいは、「OK、いいよ」と笑顔でうなずいてあげたい。「日常での、うしろめたさの解消、汚名返上のチャンスとして、“手軽に”優しい父親を演じたい」というジョ

ブを持っていると言えるでしょう。

　その瞬間のミルクシェイクに対しては、バナナやスニッカーズはもはやライバルではなく、玩具店、帰宅後のキャッチボールなどが競争相手になるはずです。この「状況」であれば、ミルクシェイクは夕食前の子供の小腹を満たす程度のハーフサイズを用意する、親子が店内で気軽に楽しめるちょっとしたパズルやゲームを取り入れるなどの工夫も考えられるでしょう。

図表C-7　「状況フォーカス」の顧客理解　その②夕方に子供と来店

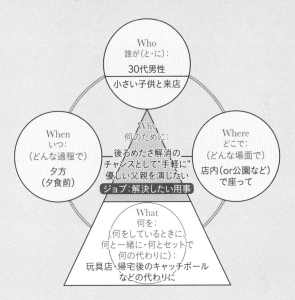

　このように、同じ人間（属性プロフィール）であっても、朝の通勤者と夕方の父親では、まったく置かれている「状況」が異なるゆえ、ミルクシェイクを雇う際のジョブ（目的）も全然違うわけです。先程P133の図と見比べてみるとよくわかります。

　顧客が置かれている「状況」をとらえず、ただ顧客の「属性」だけに目を向けていては、どんなジョブも片づけられない、中途半端な顧客理解で終わってしまいます。最大公約数を取り出したような平均的なス

CHAPTER

1 When

2 Where

3 Who

4 Why

5 What

6 How

ペックなど、誰からも歓迎されないのです。

　現在は、企業はインターネットで注文のあった特定の属性の顧客に向けて、お薦めの商品やメッセージをカスタマイズして発信できるだけでなく、モバイルやIoT、カメラ、センサーなどに常時接続された環境下で、人々の「属性」に加え、より細かい「状況」単位で人々の行動（体験）を把握することができるようになってきています（さらに、属性データと行動・状況履歴をクロス照会させることも可能です）。

　そうした環境を十分に活かすためにも、抽象的なニーズ把握で満足（思考停止）せず、顧客が本当に解決したい具体的なニーズ、ひいては、顧客の生活の中にあるリアルな"ストーリー"を洞察することが、今後一層求められます。その際、さまざまな角度から顧客の「状況」をとらえ、解釈し、整理するためのツールとして、When、Where、Whoを中心とした"状況把握の問いの輪"が有効です。

Why
より上位の「目的・未来の姿」を問う

Why	なぜ？

熟考を促す特別な疑問詞であり、"本質"に導いてくれる。
→ 1度だけで止めずに、何度もしつこく問うて、時空を広く深く
　　旅すべし。

——————— ゴダイチ

　営業部には、ネット通販、小売、飲食ルート以外の販売チャネルを担う、特販グループという部隊もあり、ここは課長の名瀬（なぜ）が率いていた。最近、特販グループには近田という新人が中途入社し、先程フィットネスクラブＫに先輩メンバーと同行訪問してきたところだ。近田は、営業日報のまとめ方について、タブレット端末に向かい名瀬のアドバイスを受けている。Ｋ社には今回初めての訪問だった。

近田「ここの『顧客名』の欄には、先方の対応者の代表１人のお名前だけ書けばいいんですよね？」

名瀬「いや、先方の人数や役職も必要だ。そういうことをできるだけ詳しく書いてな…」

　こんなQ&Aのやりとりがしばし続いていた。近田が投げかけるいくつかの問いに対して、名瀬は「なんでこんな基本的なことを聞いてくるんだろう？」と内心では感じながらも、それらに忠実に答えた。しかし、近田はまだ自信無げな表情であった。

名瀬「それで、先方から何か質問はあったかい？　“宿題”はもらえたかい？　そういうこともちゃんと日報に記述してくれよ」

近田「先方のマネジャーさんは、クラブのフロントで会員に提案できそうな美容健康商材を探しているらしくて、『御社はうちのようなフィットネスクラブへの実績はありますか？』と聞かれました。わが社にとって、フィットネスクラブは初めての業種だったので、『実績はありません』と正直に答えるしかありませんでした。“宿題”は特にもらえませんでしたが、今後も引き続きアプローチしていきたいと思います」

名瀬「そうか。また一から作戦を考えよう。それで、営業日報の書き方はだいたい理解できたかい？」

近田「はい、なんとか。でも、残業削減が求められる中、お客さんのところにももっと訪問しなきゃならないですし…。日報をどう効率的に書けばいいんでしょうかね？」

名瀬「まあ、とにかく慣れることだ。効率的に書くポイントは…」

　と、ひと通り説明したが、近田の表情はあまり晴れた様子ではなかった。名瀬は、近田の質問に答えはしたものの、「何か大事なことが伝わっていないのかもしれない」という不安が頭をかすめた。

名瀬の問い・指示・指導・進め方などの問題点を考えてみましょう。

CHAPTER

1 When

2 Where

3 Who

4 Why

5 What

6 How

"A&Q思考"の習慣化

相手が本当に聞きたい「上位の問い」は?

▷メンバーに本質的な理解を促し、インスパイヤするには

本書も後半戦に入りました。残りは5W1Hの中の、「Why（なぜ／何のために？）」、「What（何を？）」、「How（どのように？）」の3つの要素になります。この3要素の関係性に着目すると、階層構造として密接につながっているととらえることができます。

Why は What の目的やゴールに、What は Why の手段に当たります。それと同様に、What は How の目的やゴールに、How は What のより具体的手段になるという相対的関係が成り立ちます。

つまり次の図のように、上方向、Why の方向にいくほど、より本質的・抽象的なものに、下方向、How の方向にいくほど、より現象的・具体的なものになります。

図表4-1　Why-What-Howの3層構造

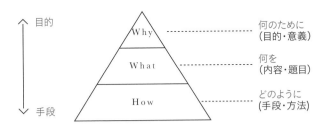

詳しくは次章「What（何を）」のところで取り上げますが、この構造は非常に汎用性が高く、日頃から Why-What-How の3層構造でとらえることを習慣にしていれば、自分の考え（施策など）を整理するとき、論理的にコミュニケーション（説明）するとき、書籍や資料などを読ん

で内容を理解するとき、そして、マネジャーやリーダーとしてメンバーを指導したり、動機づけたりするときなど、さまざまな場面で活用できます。

さて改めて、5W1Hの4つめの要素は「Why（なぜ）」です。Whyは「目的・理由軸」の概念です。Whyで始まる問いには、大きく、出来事（状態）の原因を問う「なぜ？」と、行為の目的を問う「なぜ（何のために）？」の2つがあります。前者はどちらかと言うと、問いが過去に向けられ、後者は未来に向けられます。また、Why？という疑問詞は他の**5W1H**の要素と違い、唯一「問い重ね」ができる、「考えを深める疑問詞」と言えます。「なぜ？」「何のために？」を繰り返し問うことで、本質（根本）にできるだけ近づこうとする姿勢が重要です。

まずここでは、「何のために？」という、上位の目的、目標（ゴール）へさかのぼる考え方のパターンを見ていきます。

☑上位のまだ"見えていない問い"（Question）を提起する

いきなりですが、皆さんがある飲食店の店長で、すでに禁煙席に座っているお客さんから「ここは禁煙の部屋ですか？」と尋ねられたら、なんと答えますか？ あるいは、どんな考えが頭をよぎりますか？

禁煙席で間違いないにせよ、「はい、そうですが…」と答えるのみで何の懸念も持たないのであれば、店長失格です。これを尋ねたお客さんの意図（真意）は、「ここが禁煙席なのはわかっているけれど、タバコの煙が入ってきて居心地が悪い。なんとかならないのか（今さら無理だとは思うけど）？」ということでしょう。これは誰でもわかる簡単な例です。来店客からこうした指摘が多いのであれば、店長として対策を講じるべきなのは明白ですね。

では、冒頭のケースにあった、訪問先の顧客候補の「実績はありますか？」という質問に対してはどうでしょうか？ 本当に（このタイプの案件の）実績がないとして、皆さんなら何と答えますか？ どんな考えが頭に浮かびますか？

ケースでは正直に「実績はありません」と答えた、とありますが、早々と諦めてしまったり（近田や課長の名瀬のように）、逆に根拠のないはったりをかましたりするのではなく、まずは相手の質問意図（Why）に思いを巡らせたいものです。つまり、その質問自体に答えるのではなく、「その質問の意図や背景は何か？」「その問いの上位にある問いは何か？」「その問いに答える（それを考える）意義は何か？」を考える（自問する）ことが重要です。

　「実績はありますか？」という質問の意図は、たとえば、「（厳密にぴったりはまるような実績があるかどうかはともかく）この案件（ニーズ）にあなたが応えられそうだ（解決できそうだ）ということを示せる証拠や実力はありますか？」という解釈ができそうです。

　そうであれば、同じ業態ではなくても同様の状況に対応した成功体験が社内にある、相似のニーズに答えられるスキルやアイデアを持っている、やり遂げる自信や覚悟があるなどをしっかり示すことで、相手は納得し、"宿題"をもらえたかもしれません。

　ちなみに、「実績はありますか？」と尋ねている当の本人でさえ、実はより上位の本質的に「聞きたいこと」を認識していない、わかっていない場合もあります。そうであればなおさら、「ちなみに、ご質問の意図（背景）は○○でよろしいですか？ そうであるならば○○です」というような上述のメッセージの打ち出しは、相手もハッとさせられて、効果があるでしょう。

　部下がやたら細かいことを聞いてくる場合や、"わかっていないこと"さえわからなくて要領を得ない質問（もやもや質問）をしてくる場合も、仕事の大目的や意義を理解していないことがあります。こういうときも、「相手が本質的にわかっていないことは何か？」、質問の背景を汲み取って答えてあげることが必要でしょう。

　このように、質問者の問い（Question）への直接的な答え（Answer）を探すのではなく、質問者の問い自体が答え（Answer）となるような、より上位の"見えていない"問い（Question）を考える（提起する）の

CHAPTER

1 When

2 Where

3 Who

4 Why

5 What

6 How

がマネジャーの役目です。その上で、「直接的な答えも包含する上位の問いへの答え（説明）」を示してあげるわけです。こうした思考は、メンバーの不安を減らし、理解を促し、意欲を高める際にも非常に有効です。

　次の図に示すように、名づけて**"A&Q思考"**。昨今ではクイズの世界でも、問題文に対して答えを探す、従来の"Q&Aスタイル"ではなく、答えを先に示し、それが答えとなるような問い（問題文）を考えてもらう"逆Q&Aスタイル"のものも出始めています。まさに"答え"はくらでも探せるけれど、"問い（意味のある課題）"が希少になっている時代にふさわしい傾向です。マネジメントにおいても、答え（知識）だけを問う"Q&A思考"だけではなくて、より上位の問い（課題）を設定する"A＆Q思考"が有効です。

図表4-2　A&Q思考〜より上位の問いは何か？

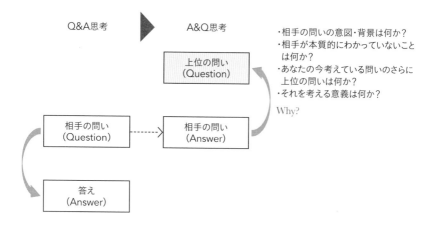

▣ A＆Q思考の活用場面はさまざま

　そのときの文脈を理解し、より上位の"見えていない"問い（Question）を考えるシーンは、ビジネスや職場の至るところに転がっています。少し練習してみましょう。たとえば以下のような場合、上位の問い（相手が真に聞きたいこと、相手がわかっていないこと）は何だと推察しますか？

①客先から「御社の設計部隊は何人いますか？」と聞かれたら…

②上司から「昨日の飲み会はだいぶ盛り上がったようだな？」と、やや生気のないあなたの表情を見ながら言われたら…

③値引き要請がなかったのに、結果として失注した客先に電話で理由を聞いたところ、「値段が合わなかったんじゃないですかね？」と言われたら…

④会議の途中で、出席メンバーに「この会議、○時までですよね？」と聞かれたら…

⑤営業部の部下から「"残業ゼロ規定" があるので、会社で残業はしませんが、家に持ち帰ってやってもいいですよね？」と問われたら…

　あくまで可能性ですが、それぞれ次のような上位の問い（意図、目的）がありそうです。

①─→「高度な開発案件だけど、技術力は高いですか？　開発できそうですか？」
＝内部の設計者は少数だが、精鋭ぞろい。優秀な外注先もあることを先回りして説明する。

②─→「今日の仕事ぶりはいまひとつだけど、これからちゃんと挽回できるか？」
＝「大丈夫です。早く二日酔いから回復して頑張ります」と答える

③─→「（一番説明が簡単な "価格" を断りの理由にしたが本当は）価格の高さを上回るようなメリットやインパクトを、他社と比べて打ち出せていなかったのではないですか？」
＝安易に「価格で負けた」で済ますのではなく、顧客の真のニーズに合致した商材を魅力的に提案できなかった点を反省する。

④─→「ここまでのところほとんど決まってないけど大丈夫ですか？　もっ

CHAPTER

1 When

2 Where

3 Who

4 Why

5 What

6 How

と計画的に進行できませんか？」

＝ここまでの決定事項をおさらいし、今からの進行方法や論点、ゴールを明確に示し、時間内で終わらせるように仕切り直す。

⑤→「（そもそも "残業ゼロ" の本当の目的やゴールを、部下は理解していないのではないか？）」

＝たとえば、以下のように "残業ゼロ" の背景や意義を説明してあげる。「"残業ゼロ" の真の目的（意義）は、心と体の余裕を生み出すことによって、生活の質を高めたり、自ら創造性など能力開発の機会を増やしたりすることだ。それはやがて仕事の生産性向上や企業業績の向上にもつながってくる。したがって、"会社で残業しない代わりに、家に持ち帰ってやる" という行為は、こうした真の目的（意義）に照らし合わせると本末転倒。だから、仕事が残っているのはわかるが、できるだけ規定の勤務時間内で集中して行なうことをふだんから心がけてほしい」

ゴダイチの解説　名瀬はどうすればよかったのか？

　さて前置きが長くなりましたが、改めて、冒頭のケースを見ていきましょう。

　名瀬は新人の近田に対し、営業日報の内容や書き方についてアドバイスをしています。「『顧客名』の欄には先方（顧客）の対応者１人の名前だけ記入すればよいのか？」など、とても基本的な近田の質問に対し、"忠実に" その答えを教えています。

　しかし、前述の「実績はありますか？」のところでも押さえたように、ここで考えるべきは、「なぜ、相手はこんな質問をしてくるのか？（自問）」。つまり、「その質問の意図や背景は何か？」「相手が本当に聞きたいこと（本質的にわかっていないこと）は何か？」という上位の問いです。まさに Q&A ではなく、"A&Q 思考" が必要なのです。

具体的には、「営業日報を書く目的や意義は何か?」という上位の Why ? を近田がまだよく理解していないということを汲み取った上で、まずそこをしっかり伝えることが必要です。大事なのは、自分がいくら伝えたつもりであっても、"相手"にとって「それはどんな意味があるのか」「何を得られるのか」ということが納得、共感されないと、それは伝えたことにならないということです。

　加えて、ケースの後半で近田が、「…残業削減が求められる中、お客さんのところにももっと訪問しなきゃならない。日報をどう効率的に書けばいいのか?」と聞いていますが、このくだりでも、名瀬は「How＝効率的に書くポイント」という"答え"を示しているに過ぎません。

　しかし、客観的に文脈(コンテクスト)をとらえると、近田の質問の意図(真意)は、「営業日報を時間かけて書く意味は本当にあるのか? 営業日報の真の意義(組織にとって、自分にとっての意味合い)は何か? 手段が目的化しているのではないか?」ということだと考えられます。まさにこうした、近田にとって大事なことが伝えられていない(納得していない)ため、表情が晴れないのです。

　前述の Why-What-How の3層構造で言うと、営業日報の内容(What:何を書くのか?)やまとめ方(How:どのように書くのか?)にはあれこれ指示を出し、教えてはいますが、その上位の「営業日報を書く目的や意義」、つまり、「Why:何のために書くのか?」の伝達は不十分だと考えられます。

　ではその目的として、たとえば、「営業マンの行動や案件の状況を先輩や上司が把握するため」という程度のものでよいでしょうか? もちろん、営業日報のねらい(効果)は複数あるでしょうが、大事なことは、より上位の目的、相手にとっての意義を示す(あるいはできるだけ当事者に考えさせる)ことです。

　たとえば、「先輩や上司が把握することで、あなたが能力アッ

プでき、より成果を上げるためのアドバイスや協力ができる」、さらに「組織として有益な顧客攻略方策の共有化ができ、あなたを含むメンバー1人ひとりの仕事を一層やりやすくし、労働時間を短縮することにもつながる」、ひいては、「組織全体のパフォーマンスも上がり、より成長意欲に満ちた明るい組織にすることができる。私はそんな組織にしたいのだ」という具合です。

もし名瀬がメンバーに対して、このような「より上位の目的（意義）」をはっきりと示せないのであれば、営業日報など廃止するくらいの覚悟が必要かもしれません。

リーダーの仕事は、What、How、そして上辺のWhyを示すのみでは不十分です。それだけではメンバーは受け身にならざるを得ません。変動の激しい時代だからこそ、「Why：何のために？」をさかのぼり、いかにメンバーがわくわくする、より上位のWhy（意義や課題）を自ら作って語れるかが重要です。

ちなみに、パナソニックの創業者である松下幸之助の有名なエピソードに、こんなものがあります。従業員たちがつまらなそうに電球を布で磨くだけの単純作業をしています。みんな飽き飽きしているのです。そこへやってきた幸之助はこう言ったそうです。

「あんたら、ええ仕事しとるなあ。未来を夢見る子供たちが『この本の続きをもう少し読みたい』と思ったときに、あんたたちが磨いた電球がポッと灯る（明るい空間を提供してくれる）。あんたらのしていることは、子供たちの夢と未来を育むええ仕事や。ほんまにええ仕事やなあ」と。幸之助のこの言葉に、従業員らは火がつき、一層仕事に精を出したそうです。

メンバーにただWhatやHowを指示・命令して"駒"のように動かすのではなく、メンバーの仕事に常にWhy＝"意味"を与え、高い意欲を引き出すことが大切で、そのきっかけとして、A&Qを意識することが一つの助けになるはずです。

CHAPTER

1 When

2 Where

3 Who

4 Why

5 What

6 How

⑩Whyの問いかけ "A＆Q思考"の習慣化

「(相手の質問を、そのまま額面通り受け取り）その答えは○○だ」
→「相手の質問の意図や背景は何か？」(自問)
　　「相手が本質的にわかっていないこと、本当に聞きたいことは何か？」
　　「その問いに答える（それを考える）意義は何か？」

「何をするのか？／どのようにするのか？」
→「何のためにそれをするのか？」
　　「それをする、組織にとっての／相手にとっての意義は何か？」

「何を考えるのか？（問いは何か？）」
→「なぜそれを考えるのか」
　　「その問いを考えるのは、何のためか？」

「顧客は何を欲しているのか？」
「何が売れているのか？」
→「顧客はなぜそれを欲しているのか？」
　　「なぜそれが売れているのか？」

営業部の特販グループを率いる名瀬は次の3ヵ年中期経営計画（中計）を策定中であり、メンバーにもヒアリングしようとしている。

大きな目標数字はすでに決められ、内部で周知されているが、実現のイメージ（ビジョン）や具体的な施策については、まだぼんやりしており、自信が持てていない状況だ。

加えて、比較的新しいチャネルを束ねる特販グループは周囲の期待が大きく、3年後の目標数値は現在の2倍程度と、非常に高い。名瀬はこれまでの延長線的な施策ではとても達成できないのではないかという危惧も抱いていた。

メンバー全員が会議室に集まり、話し合いが始まった。名瀬はまず事前に一応考えておいた、年別、4半期別、担当者（チーム）別、新規を含む顧客別などにブレークダウンした目標数字と、今期の計画書や実際に行なったアクションを参考に作成したラフな施策案を手短に説明し、その上でメンバーにこう伝えた。

名瀬「ご承知のように、3ヵ年の目標数字はとても高い。正直、今伝えたラフ案も含め、従来の延長線上の施策では目標の実現は難しいと思っている。皆さんも考えてきたと思うけど、ぜひ全員で目標（ゴール）達成に向けた施策案のアイデアをブレストしたい。遠慮なく意見を出してほしい」

サブリーダーの一人、中野が切り出した。

中野「私たちグループへの期待が大きいことはよくわかっていますし、決して不満があるわけではないのですが、正直、目標が高いので、どうもイメージが湧かなくて…」

名瀬「3年後の目標数字ははっきりしているよね。今年度の2倍ということだ。たとえば、顧客数を2倍に増やすとか、顧客数を4割増やした上で、取引金額も4割増やすとか…。目安はそんな感じだね」

中野「ええ…。現状（現実）の仕事の積み上げでどうしても考えちゃうんですけど、それでいいんですよね？」

名瀬も他のメンバーも小さくうなずいていたが、その後は次のような名瀬の問いをベースに意見交換が進められた。

名瀬「何をすべきだろう？ やるべき施策は？」「なぜそれをすべきなのか？」

名瀬は終始意見を否定することはなかったが、メンバーたちは総じて固い雰囲気で、良い意見が出ないまま会議は終わった。近々続きをやることにはなったが…。

名瀬は一人、会議を振り返っていた。中計策定に向けたキックオフとして、メンバーの当事者意識を高め、わくわくする目標（ゴール）のイメージや施策アイデアを引き出す問いかけをしたかった。目標実現への確信と意欲がもっと高まる場にしたかった。どう進めればよかったのだろう？

名瀬の問い・指示・指導・進め方などの問題点を考えてみましょう。

"VBC"の場作り

ビジュアルバックキャスティング

「未来はどうなっている?」
「どんなことが実現できそう?」

CHAPTER

1 When

2 Where

3 Who

4 Why

5 What

6 How

▣メンバーに非連続な思考を促し、創造性を高めるには

現在の延長線から脱却し非連続な思考を生み出したいとき、ビジネスや人生（自分のキャリア）に大きな変化を作り出したいときは、「何をすべきか?（To Do）」を考える前に、「（未来は）どうなっている（いたい）か?（To Be）」を、まず想像してみることが有効です。

つまり、「Why＝真の目的や最終ゴール」の明確なイメージを持つところからスタートしてみようということになります。現状（今）を起点に、積み上げ的に、しかも、言葉や数字だけで「何をすべきか?」の発想を広げようとしても限界があるのです。

真の目的や最終ゴールをとらえるための効果的な方法の1つが"ビジュアル化"です。

これは、ありたい姿、ゴールの姿を"ビジュアル化する（絵に落とし込む）"ことによって、言葉だけの限界を超える方法です。思考の解像度と広さが確保されることで、実現のための本質的な要件や重要な構成要素（手段）を逆算的にすくい取りやすくなります。

"ビジュアル化"は、人間の右脳に働きかけ、全体を包括する力を活性化させるとともに、実行を後押しする（実現への確信を得る、実現に向けて行動する心のエンジンを作る）効果もあります。

冒頭のケースのように、ビジョンや戦略を作るときのほか、自分の夢・将来像を描きたいとき、プロジェクトを始動させるとき、顧客への販売プランを考えるときなど、さまざまな場面で活用できます。では、さっそく見ていきましょう。

▶ "VBC"で"起きている未来"をリアルに描く

今を起点とし、現状の資源や能力をベースに、"カイゼン"を積み上げる形で将来像を考える方法を"フォアキャスティング（**Forecasting**）"と言います。短期的なゴール像を考えたり、実現性の高い施策を考え出したりする際に有効です。

これに対して、特に目標達成に対して大きなストレッチが必要な場合、現状の延長線上で考えるやり方をいったん脇に置き、"理想とする未来の状態（そこで実現している世界）"をありありと描き、その未来を起点に、そこから"逆算"して、達成のために何をする必要があるのかを見出していくアプローチを"バックキャスティング（**Backcasting**）"と呼びます。

"バックキャスティング"は、あるべき未来から後戻りして現状の資源や方法にあえて矛盾を顕在化させるような"非連続的思考"を促すことも多いことから、「創造的破壊」を生み出すアプローチとも言われます。現在のように変化が激しく、先行きが不透明な VUCA の時代、「未来はどうなるか？」を厳密に"予測"することは実際難しいですし、たいして意味をなしません。それよりも、「未来をどうしたいのか？」を主体的に"構想"することに結びつく、"バックキャスティング"のほうがより有効になってくるのです。

その際、言葉だけでなく、"絵"で描く、つまり、ビジュアルの力を借りてイメージするとさらに効果的です。こうして、左脳だけでなく右脳も刺激しながら、思考の範囲を広げていく方法を、私は"ビジュアル・バックキャスティング（**VBC**）"と呼んでいます。将来のありたい姿、未来像、つまり、ビジョン（Vision）は文字通り、できるだけ Visible な（目に見える）ほうが良いアイデアが生まれるのです。

本来、私たちは、絵や写真、映像（動画）などイメージで考えることを、生活の中でごく自然に行なっています。たとえば、あなたが体育祭に参加し、徒競走で1位を目指しているとしたら、その様子を言葉だ

けでは考えないはずです。きっと次のように、自然に"ピクチャーモード"に切り替えて想像しているはずですし、1位でテープを切ったあなたの周囲にある、ヒト、モノ、コトなどさまざまな事象を広く視界に入れているはずです。

図表4-3 "ピクチャーモード"で理想の未来をイメージする

「1位でテープを切る自分」だけをイメージするのではなく、

・観客の大声援(≒顧客)
・2位以下のライバルの悔しそうな表情(≒競合)
・インタビューを受け、ガッツポーズする自分(≒自社)
・近くでバンザイをするトレーニング仲間(≒パートナー会社)
・フラッシュ撮影する専属カメラマン(≒補完財)
・照りつける太陽と爽やかな風(≒マクロ環境)

などのディテールを描く

CHAPTER

1 When

2 Where

3 Who

4 Why

5 What

6 How

ところが、ことビジネス、仕事になったとたん、私たちは言葉だけで考え、言葉だけで表現しようとしてしまいがちです。

多くの企業では依然として、冒頭ケースのように、企画や説明、話し合い、目標設定や意思決定を、言葉や数字を介して行なっているのでやむを得ないことかもしれません。しかし、これは生来の人間の思考の営みからすると、片手だけで食事をするのと同じくらい、窮屈なものです。

ビジョンや戦略を考える際、言葉や数字だけではどうしても煮詰まりがちです。いっそのこと、最終ゴールや理想状態を、ビジュアルでイメージすると、思考の幅も深さもぐっと広がります。紙やホワイトボードを活用し、メンバーの頭の中を早めに"ピクチャーモード"に切り替えてしまうのです。

① "4カンの問い"で創造モードの空気を作る

「何をすべきか？」の前に、「（未来は）どうなっている（いたい）か？」。いったんメンバーの思考を"現在（現状）"から引きはがし、最終ゴールの「ありたい姿」に連れていき、非連続な思考を促すためには、それなりの議論の流儀も必要です。

そこでは、「どうあるべきか？」「どうすべきか？」「それはなぜか？」という論理モードから、「どうありたいか？」「どうしたいか？」「どう感じるか？」といった感性（主観）モード、創造モードにシフトできる「場」が重要になってきます。

創造モードの場作りには、マネジャー自身の創造性が問われているのではありません。そうではなくて、メンバーの創造性が発揮されるような「空気作り」の力量が問われているのです。

そして、遠慮なく自由に自分の意見や思いつきを口にしやすい、これまでの前例や暗黙の前提を排除して考えやすい「空気」。そんな「空気」を作るための重要なカギの一つは、（本著のテーマでもある）マネジャーの「問いかけ」にあります。

かっこいい「メッセージ」ではなく、メンバーが考えやすく、考えたくなるような「問い」こそが、対話にダイナミズムを生み、イノベーティブな発想を促すトリガーとなるのです。それには右脳的な刺激をもたらす"4カンの問い"が有効になります。"4カン"とは、①勘（直感）、②観察（俯瞰）、③感覚（五感）、④感情（思い）の**4**つです。

たとえば以下のような問いを基本に、テーマや相手によってより具体的な言葉をつけて応用するわけです。

①勘（直感）：「何かピンとくるものある？」「ぱっと思いつくことは何？」
②観察（俯瞰）：「視界には何（どんなヒト・モノ・コト）がある？」「じっと見ると、どんな細部になっている？」
③感覚（五感）：「何を感じる？」「何が見える／聞こえる？ どんな匂い

がする／味がする／感触がある？」

④感情（思い）：「どうなっているとわくわくする？」「好きなこと／やりたいこと（思い・願い）は何？」

　メンバーがこうした場ややり方に慣れていなければ、紙にいったん書いてもらってから、それを読み上げてもらう方式とミックスしてもよいでしょう。

②"連想ゲーム"で芋づる式にアイデアを紡ぐ

　冒頭のケースの直接的な指摘は後述するとして、上述の"VBC"と"4カンの問い"を集合の場で活用し、皆で協力してホワイトボードに向かって描いてみることをおすすめします。

・まずは「どうなっていたいか？」をイメージ

　数年後の目標はハードルが高いとしても、そのゴールが今目の前で実現しているとすると、そこに誰がいるか、どのようなモノがあるか、どのようなコトが起こっているか、その理想状態（Be）を俯瞰し、そして、できるだけ細部まで想像していきます。

・全員がペンを握って自由に描く

　上手な絵を描く必要はありません。むしろ、落書きを描いているかのように、雑談しながら気軽にペンを走らせてみます。顧客やあなたを含むチームメンバーなどから描いていくと手がつけやすいかもしれません。

　メンバー各々から出てきた発想を、パッチワークのように、はぎ合わせてどんどん描いていきます。その際、色ペンを使って、矢印や下線などを加えていくと、ポイントが鮮明になり、見やすくなります。

・気分がノッてくればしめたもの

　ホワイトボードを前に、みんなでワイワイガヤガヤ描いているうちに、

CHAPTER

1 When

2 Where

3 Who

4 Why

5 What

6 How

リラックスして、気持ちがほぐれてくるはずです。感情が動く、五感が刺激される、ますますイメージが豊富になるというように、楽しくなってきたらしめたものです。“わくわく”という快のスイッチが入ると、やる気や集中力がさらに高まり、創造性が発揮されやすくなります。

・否定は NG。乗っかるのは OK

　また、絵だけでなく、セリフなどの吹き出しや補足情報など、言葉で補ってもよいです。その際、言葉はできるだけ“具体的に”書いていくことがポイントです。

　ポイントは“連想ゲーム”のように、芋づる式にイメージをつなげていくこと。お互いに否定は避けて、誰かの言った意見に遊び心を持って乗っかるようにすると、発想がどんどん広がっていきます。

・最後のまとめ「To Be」から「To Do」へ

　そして、ある程度、“理想状態（To Be）”が描けたら、その状態になっているためには、どのような要件・要素（To Do）がそこに揃っていればよいか、逆算でイメージして描き出していきます。

　スペースが足りなければ、「To Do」は、別のホワイトボードに描いてもかまいません。ここまできたら、“何を（what）”“どのように（How）”などの具体策へと頭を切り替えていくことになります。ここでは、まず気軽にアイデアを出していくことが原則ですが、そのあとのより厳密な検討など、詳しくは、次章以降を参照してください。

　こうした一連のプロセスを、マネジャーは前に立ったり、後ろでサポートしたりしながら統制し、“未来に起こしたいこと”や施策のアイデアを浮き彫りにしていきます。

　私たちは、いきなり「何をすべきか？（To Do）」を考えがちですが、その前に、「（ゴールは）どうなっている（いたい）か？（**To Be**）」、**Why** ＝最終ゴールの描写を念入りに行なうことを出発点にしたいものです。

図表4-4　理想状態(To Be)をホワイトボードに描き出してみる

CHAPTER

1　When

2　Where

3　Who

4　Why

5　What

6　How

ゴダイチの解説　名瀬はどうすればよかったのか？

　既述の通り、冒頭ケースで名瀬が理想的な場を作れなかった理由はおわかりかと思います。

　サブリーダー中野の「目標が高いので、イメージが湧かない」というつぶやきに対し、名瀬は無味乾燥な数字を伝えるのみですし、「現状（現実）の仕事の積み上げで考えればよいのか」という疑問に対しても、明確な考え方の方向性を示せていません。

　いみじくも名瀬が最後に反省しているように、大きなストレッチを要する3年後の目標を考えるにあたり、メンバーがわくわくするようなゴールイメージとクリエイティブな施策アイデアを引き出し、目標実現への確信と意欲が高まるような場にするためには、前述のような、非連続思考を促す"VBC（ビジュアル・バックキャスティング）"などの仕かけが有効です。つまり、「達

成後の理想状態（To Be）から、"絵（ビジュアル）"で考える」ということです。

そのためには、ケース内で名瀬が繰り返した、今の延長線的に「何をすべきか？」を考えてもらうのではなく、まず、「（未来は）どうなっているか（どうあってほしいか）？」「あなたの起こしたい未来は何か？」など、Why＝ゴールの明確なイメージを最初に抱いてもらうような問いを投げかけると効果的です。

また、メンバーから施策アイデアが出たとしても、やはりケース内で名瀬が重ねて言った、「なぜそれをすべきなのか？」という固い問いかけよりも、「それをするとどんなことが実現（達成）できそうか？」という問いのほうが断然、答えやすく、メンバーのわくわく感を高めることができます。

その場合、前者は「今」をベースにした客観的な根拠を求める問いであるのに対し、後者は「未来」に向いた主体的な思いや可能性を引き出す問いと言えます。前者は内向きの問い、後者は外向き（顧客志向）の問いとも言えるかもしれません。

同様に、参考までに加えると、「なぜそれをやっているのか？」より「それをやることで、どういうことを成し遂げたいのか（どうなっていきたいのか）？」のほうが、「（顧客は）なぜこの商品を買う必要があるのか？」より「（顧客は）この商品を買うとどんな未来が待っている（手に入る）のか？」のほうが、より「Why＝真の目的・本質的なゴール」に向いた、未来志向の問いと言えます。こうした問いも上手に活用しながらメンバーを導きたいものです。

ちなみにケースの場合ならば、3年後の高い目標を達成した暁に、そのゴール地点には、どんなヒトがいるのか？／どんなモノがあるのか？／どんなコトが起きているのか？／などを皆で考え、話し、描いていくわけです。

・そこには、自社がさまざまな事業やお客様の活躍を通して社会

や地域に貢献している姿（そしてそれらは自社や社員がここで働く Why ＝大目的［存在意義］になっているはず）
・そこには、自社の商品・サービスを購入したことで喜んでくれているお客様、悔しがっているライバル会社の営業マン、達成感を噛みしめ、讃え合っている自分たちの笑顔

　その上で、その“理想状態”になっているためには、どのような要件・要素がそこに揃っていればよいかも思いつくままに皆で描いてみるのです。たとえば以下のような問いを出し合いながらになります。

・代表的なお客様、新しいお客様は、それぞれ何と言って評価し、どんな感謝の言葉を口にしてくれているのか？
・そこにある“勝利提案書”には、どんなポイントが書いてあるか？ どんな“決めゼリフ”が強調されているのか？
・ライバル社の営業マンは、「うちとは何が違うな〜、何が適わないな〜」と言って悔しがっているのか？
・上司たちは、何と言って褒めているのか？ メンバーたちは、どんな言葉で奮闘勝利を讃え合っているのか？

　こんな問いに答えるように、引き続き、絵と言葉を使って、従来の考え方にとらわれることなく、思いついたイメージを芋づる式に表現していきます。攻めるべき顧客像、作るべき新しい提案書や開催すべきセミナー、取るべき営業スタイル、得るべき知識、行なうべき勉強会などのイメージや、超えるべきハードルのイメージなど、どんどん湧いてきます。
　現状の積み上げベースでは、そして、言葉だけで考えることでは得られなかった、これまでの流れを変えることのできる、ゴール実現のための本質的な要件をフックできる可能性が大いにあるのです。

CHAPTER

1 When

2 Where

3 Who

4 Why

5 What

6 How

▷ "コレクティブ・ジーニアス" を創発させるリーダーシップ

　先行きが不透明な VUCA の時代、そして、ケースのような思考のジャンプが求められる創造的な活動の場合、マネジャーが先頭に立って自ら明確なビジョンや答えを示し、指示を出すという従来型のリーダーシップは発揮しにくくなります。

　替わって必要なのは、集団の背後から、多様な個の力を見極め、化学反応を起こさせ、集合知を最大化するためのプロセスや場を作る、支援型のリーダーシップです。

　世界的なリーダーシップ分野の権威である、ハーバード・ビジネススクールのリンダ・A・ヒル教授は、こうしたリーダーシップのスタイルを「羊飼い型リーダーシップ」と名づけました。ピクサー、グーグル、イーベイ、ファイザーなど、優れた実績を上げ続けている組織の現場リーダーの言動を研究し、そこには共通項があることを見出したのです。

　それによると、実は現代の企業におけるイノベーションは、1人の天才だけで生み出されることはほとんどなく、既述のような、集合的な "場" を作り、そのプロセスを統制することを通し、「コレクティブ・ジーニアス（Collective Genius）：集合天才）」を創発させるリーダーの力が大きく影響しているということです。そしてそのスタイルはまるで、「背後から羊飼いのように指揮する」というイメージなのです。

　先々の予測が難しい環境下で、多様な人材を結びつけ、答えのないテーマに取り組む。まさに現代のマネジャーの周りは「未知＝知らないこと」だらけです。そうした中、"正解" 探しの呪縛を解き、集合知としての "納得解" を作り上げていく力（それぞれの人の思いやアイデアを結びつけ、カタチにする営み）が重要になります。

　これからのリーダーに求められるのは、まさに "VBC" 対話ミーティングのような、創発が生まれる "場" や "空気" を作り、「人と人の脳をつなげる」ことと言えるでしょう。

　最近、「心理的安全性」という言葉をよく聞きますが、こうしたミー

ティングの場を円滑に実現していくためにも、その土台として、地位や経験にかかわらず、メンバー誰もが素朴に意見を言い合える組織をマネジャーは日頃から意識して作っていきたいものです。

---

⑪Whyの問いかけ "VBC" の場作り

「(今) 何をすべきか?」
→「(未来は) どうなっているか?」
　「あなたの起こしたい未来は何か?」

「なぜそれをすべきなのか?」
→「それをするとどんなことが実現(達成)できそうか?」

「なぜそれをやっているのか?」
→「それをやることで、どういうことを成し遂げたいのか(どうなっていきたいのか)?」

「(顧客は) なぜこの商品を買う必要があるのか?」
→「(顧客は) この商品を買うとどんな未来が待っている(手に入る)のか?」

CHAPTER

1 When

2 Where

3 Who

4 Why

5 What

6 How

営業部の名瀬のグループでは、最近、キャンペーンポスターに関して、顧客からのクレームが頻繁に来るという問題が起きていた。名瀬と数人のメンバーはリモート会議で、その問題について話し合っている。

名瀬「どんなことが起きているんだ？ お客様からどんな指摘があるの？」

メンバーA「多いのは、ポスターの誤植が多いというクレームです。近頃、新製品が多く、うち（特販グループ）からお客様にいろいろなキャンペーンツールを提供する機会が増えているのですが、ポスターに記載しているキャッチコピーや日付などにミスプリントが多いという指摘が複数の顧客から挙がっていまして。特に、商品のキャッチコピーなどは、パンフレットやチラシ、レシピに載っている文言と違うことが書いてあって、消費者の誤解を招くなんて言われるんです」

名瀬「印刷会社のミスではないの？」

メンバーA「確認しましたが、そうではないようです」

名瀬「原因は何なの？」

メンバーA「うちのグループから印刷会社に納めている原稿自体が間違っていたことが原因です。ポスター作成などは、派遣社員のXさんが専任でやってくれているんですが、原稿のタイプミスが多いようでして。昨今は顧客側の要望もあって、文字量や色使いが増えているという傾向もあるんですが…」

名瀬「なんでそんなにミスが多いの？」

メンバーA「本人にも聞いてみたんですが、最近営業からそれぞれの顧客向けのキャンペーンツールの作成依頼が重なることが多く、忙しくて、疲れが溜まって注意力が落ちていたと言っていました」

メンバーB「原稿作成時は、画面のデータとプリントアウトした紙のダブルチェックを必ずしてもらっています。ただ先日、Xさん、『使っているPCの画面が暗く、コピー機も最近故障が多くて、原稿が確認しにくい。マーケティンググループとの共有フォルダーの格納先もわかりにくい』などと、言っていました。

名瀬「そうか。Xさんにはきちんと休息をとってもらい、体調を万全に整えて仕事に取り組むよう、私から言っておくとしよう。これ以上お客様からのクレームが増えると数字にも重大な影響が出てくるからな…」

名瀬の問い・指示・指導・進め方などの問題点を考えてみましょう。

"3M"視点での原因究明

「ひと・もの・マネジメント」の3つで考える

CHAPTER

1 When

2 Where

3 Who

4 Why

5 What

6 How

▣ 本質的な問題原因を把握し、組織の仕組み改革を促すには

次はWhyの2つめのパターン、出来事（状態）の原因を問う「なぜ？」について押さえていきましょう。

CAHPTER2-5、「"どこ・なぜ"順のクエスト」のところでも触れたように、何か問題が生じた際、漠然とした、抽象的な状態のまま「Why（なぜ）」を問うのではなく、何が起こったのか、扱う問題を明確にした上で思考を進めることが大切です。使いどころさえ間違わなければ、「Why：なぜ？ どうして？」はその原因を追求し、筋のよい解決策を導くために不可欠な問いです。まずは、ケースの解説に移る前に、こんな事例から入っていきたいと思います。

▣ JR福知山線の快速列車脱線事故の真因を探る

2005年4月、JR西日本福知山線で、快速列車脱線事故が起こりました。多くの犠牲者を出した戦後最悪の鉄道事故と言われていることもあり、記憶に残っている方も多いと思います。通説をもとに、原因を究明する枠組みや留意点を見ていきましょう。

次頁の図に示すように、事故の原因をシンプルに追っていくと、列車のスピードが出すぎていたことで、カーブを曲がりきれずに脱線し、線路に隣接するマンションに激突してしまったということなのですが、その直接的な原因は、運転士のブレーキ操作の遅れにありました。

しかし実際は、そこに至るまでにいくつかの操作ミス（オーバーランなど）があり、それによる運行時間の遅れ（1分20秒）を取り戻すべく、精神的に追い詰められた状況の中、どんどん速度を上げていってしまっ

図表4-5　原因究明の"3M"分析〜福知山線脱線事故（通説）

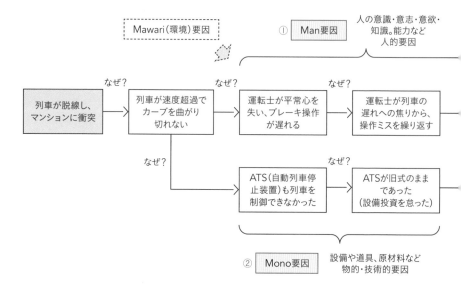

たという事情があります。

　また、こうした「**Man**（人的）要因」に加え、事故現場付近に設置されていた ATS という自動列車停止装置が最も古いタイプだったということもあり、適切に作動しなかったという「**Mono**（物的・技術的）要因」が同時に起きてしまったことも事故発生に影響したと言われています。

　しかし、ここまでのところは、直接的、表層的な原因に過ぎません。ここで思考を止めてしまっては本質に行き着かないので、Why（なぜ？）をもっと掘り下げて考えていく必要があります。

　傍から見れば1分そこそこの遅れなのに、運転士はなぜそんなに焦りが増大してしまったのか？　実はその背後に、JR 西日本には乗務員のミスに対して厳しい懲罰や再教育を課す「日勤教育」という制度がありました。とりわけ運行ダイヤに関するミスには厳しく、当該運転士はこれを恐れ、遅れ時間を挽回すべく平常心を失うほど追い込まれた状態で運転を続けてしまったと推測されています。

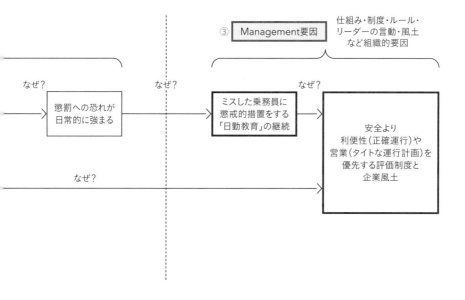

③ Management要因
仕組み・制度・ルール・リーダーの言動・風土など組織的要因

なぜ？ → 懲罰への恐れが日常的に強まる

なぜ？ → ミスした乗務員に懲戒的措置をする「日勤教育」の継続

なぜ？ → 安全より利便性（正確運行）や営業（タイトな運行計画）を優先する評価制度と企業風土

なぜ？ →

CHAPTER

1 When

2 Where

3 Who

4 Why

5 What

6 How

　そしてさらにその背景には、当該企業の、周辺の私鉄などとの競争意識や利益重視志向に基づく、「安全より利便性（正確運行）や営業（タイトな運行計画）を優先する評価制度と企業風土」という「**Management要因**」があったと言われています。つまり根本には、人をある行為に駆り立てる、ある方向に仕向ける"仕組み"の要因があったわけです。

「真因」とは「仕組みの原因」のこと

　このように、原因を究明する際は、直接的、表層的な原因で思考を止めず、Why（なぜ？）を繰り返し問うことで、「真因（本質的な原因）」を追究する姿勢が大切です。その際、この事例で示した"**3つのM**"の要因を意識して掘り下げることで、より構造的に原因分析ができます。

① Man 要因：人の意識・意志・意欲・知識・能力（スキル）などの人的要因

②Mono 要因：設備（Machine）や道具、原材料（Material）、手法（Method）などの物的・技術的要因

③Management 要因：仕組み・プロセス・制度・ルール・リーダーの言動・風土（価値観・メンタルモデル）などの組織的要因

　さらに、４つめとして「**Mawari**（周り）要因」（マクロな外部環境や自然環境、あるいは顧客の事情など外的な要因）もありますが、私たちが直接手を打てるわけではないので、ここでは考慮外とします。

　概して、"問題"はこの３つ（あるいは４つ）の要因が組み合わさって起こることが多いものです。マネジメントとして重要なことは、「Man 要因」や「Mono 要因」で思考を止めず、そして、「Mawari 要因」のせいにせず、それらに影響を与えている「真因」に至るまで「Why（なぜ？）」を繰り返すことです。

　ちなみに「真因」とは「そこに手を打てば二度と同じ問題が再発しない、大本の本質的な原因」であり、それは端的に言うと、「仕組みの原因」です。では「仕組み」とは何でしょうか？「仕組み」とは「人をある方向に導くもの」、つまり上述した「Management 要因」に他なりません。

　特に繰り返し類似の問題（事故・トラブル）が起こっている場合は、真因把握に至っていないと考えられるため、組織としての仕組み（業務プロセス、システム、組織割り、教育や評価の制度、ルール）や風土（そこで奨励されている価値観やリーダーの言動・行動）などの問題を疑ってみるべきです。

　よく「Why（なぜ？）を５回繰り返せ」と言われますが、これは「５回」という数に意味があるわけではなく、「直接的、表層的な原因で止めず、真因にたどり着くまで掘り下げろ」ということです。「５回のなぜ」を単に"お題目"にすることなく、仕組みとしての問題が明らかになるまで、具体的に落とし込むことが重要です。

　以下、改めてマネジメントの立場での原因分析の留意点、ポイントを示すので、参考にしてください。

・本当に因果関係がつながっているかを確認する

「なぜ?」で、具体的な言葉を使っていねいに掘り下げていったら、次は逆方向（真因の方向）から「〜だから?」「〜なので?」といった問いで読み上げてみて、因果（原因と結果）がちゃんとつながっているかどうかをチェックする。「大きな原因の見落とし」「原因と結果の取り違え」や「第三因子の存在（複数の要素に同時に影響している隠れた原因）」などがないか、「要因を曖昧な言葉で表現していないか」に注意する。

・「Man」「Mono」「Mawari」要因で思考を止めない

「個人の意識、意欲、スキルが低いから」「素材や設備に不良があったから」「景気が悪いから／社会の風潮が良くないから」「顧客が話を聞いてくれないから」といった他責的な要因のせいだけにせず、マネジメントとしての問題を「自責モード」で掘り下げる。

・慢性的に起こっている問題には、「循環構造」を疑う

繰り返し起こっているような問題は、因果（原因と結果）のループ構造（原因が結果を生み、その結果がまた原因を生み出す構造）を疑う。放置したままにしておくと、問題が拡大再生産され、あとで取り返しがつかない深刻なものになってしまうことがあるので、マネジメントとして、早めに根っこをとらえて手を打つ（食い止める）ことを考える。

・空理空論ではなく、現地現物で検証する

仮説ベースで原因の構造を考えたら、必ず「現地現物」でそれが正しいかどうかを検証する。その際、あまり細かい事象や影響度の小さい因果に囚われず（枝葉は捨てて）、マクロな視点を持って、大事な要因に絞る（大きな幹をとらえる）。

・「ヒト」に当たらず、「コト」に向き合い、皆で考える

メンバーが何か問題を起こしたとしても、「なぜ?」「どうして?」の

CHAPTER

1 When

2 Where

3 Who

4 Why

5 What

6 How

詰問口調、責任追及モードで追い込むのではなく、問題をその個人（ヒト）と切り離し、誰にでも起こりうるコト、組織として解決すべき課題（タスク）として、客観的な分析を促すモードに切り替える。自身も含め、皆で考えていく場を作り、メンバーに当事者意識と問題解決能力の向上を促す育成の機会、"集合知"を生み出す団結の機会とする（先述「"コレクティブ・ジーニアス"を創発させるリーダーシップ」で触れたように）。

　また、「なぜ起こってしまったのか？」という「過去」に思考が向くことが、チームの士気を低くしてしまう恐れがある場合は、「どうするか？」→「それはなぜか（それは何のためか）？」という順で、「未来」に思考が向く「目的指向」の問いかけの割合を多くする。

ゴダイチの解説　名瀬はどうすればよかったのか？

図表4-6　"3M"分析〜キャンペーンポスターの原因究明

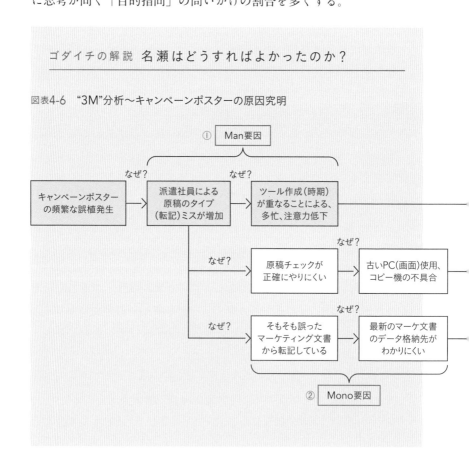

ここまでの解説で、すでに冒頭のケースでの名瀬の問題点はおわかりかと思います。簡単に見ていきましょう。

　顧客に提供するキャンペーンポスターの誤植問題について、名瀬はその原因を、次図のグレー部分「派遣社員の注意力低下によるタイプ（転記）ミス」というヒューマンエラー（Man 要因）ととらえるに留まり、マネジャーとして求められる、仕組みレベル（Management 要因）への掘り下げができていません。

　そのため、「X さんにはきちんと休息をとってもらい、体調を万全に整えて仕事に取り組むよう、私から言っておくとしよう」という、安易な「人任せ」の対策の提示で終わってしまっています。これではメンバーと同じレベルです。

　人間である以上ミスはつきもの。人的な要因（ヒューマンエラー）対策の限りでは再発することは目に見えています。

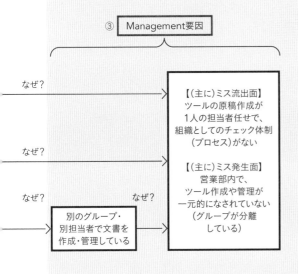

CHAPTER

1 When

2 Where

3 Who

4 Why

5 What

6 How

直接的、表層的なレベルで思考停止せず、「その原因のさらなる原因は何か？」「本質的な原因は何か？」を、メンバーと共に掘り下げ、組織、チームとしての「仕組みレベルの原因」を模索すべきです。一つは、図の右枠の上部分に記載の通り、「キャンペーンポスターなどの販促ツールの原稿作成とチェックが1人の派遣社員任せになっており、組織として、タイプミスの“流出”を防ぐチェック体制（プロセス）が整っていないこと」が、マネジメントレベルの問題原因と言えそうです。

　加えて言うと、名瀬が、「（派遣社員が）使っているPCの画面が暗く、コピー機も最近故障が多くて、原稿が確認しにくい。マーケティンググループとの共有フォルダーの格納先もわかりにくい」という設備面の状況（Mono要因）にも目が行き届いていないことも問題です。

　マーケティング（販促）用の文書（パンフレットやチラシ、レシピ向け）を別の部隊であるマーケティンググループで作成し、それを名瀬の特販グループで顧客に提供するポスター用に転用しているのであれば、マーケティンググループでアップデートされた文書の格納場所が見つけにくいことは、ミスの再発につながります。

　さらに考えてみると、図の右枠の下部分の通り、「そもそもマーケティング（販促）用のツールの作成や管理が、営業部内で一元的になされていないこと、つまり、2つのグループに分かれて担当していること」が、ミスの“発生”面における大本の要因と考えられそうです。名瀬はこうした仕組みレベルの「Management要因」にまでWhy？を掘り下げて考えるべきです。

　リーダーであれば、1人の担当者の問題で済ますのではなく、マネジメントの立場として「組織として、やれていないことは何か」、常に謙虚に自分自身に矢を向ける姿勢が大切です。

　ちなみに、米国のビジネスコンサルタント、ジム・コリンズ（ジェームズ・コリンズ）の名著、『ビジョナリーカンパニー2

飛躍の法則』には「第5水準（最高水準）のリーダーシップ」
を表す"たとえ"として次のようなことが書いてあります。

「(第五水準の指導者は) 成功したときは、窓の外 [他者] を見て、
関係者、外部要因、そして幸運に感謝する。失敗したときは、鏡 [自
分] を見て、自分に責任があると考える」。

こんな姿を目指したいものです。

---

⑫ Whyの問いかけ "3M" 視点での原因究明

「その原因は何か？」
→「その原因のさらなる原因は何か？ 本質的な原因は何か？」

「Man 要因（人の意識・意欲・能力の原因）や Mono 要因（物的・
技術的原因）は何か？」
→「Management 要因（仕組みレベルの原因）は何か？」

CHAPTER

1 When

2 Where

3 Who

4 Why

5 What

6 How

事象・内容軸

What
「だから何?・違いは何?」を問う

| What | なに？ |

空虚な物事、見せかけの言動に実質の中身を与えてくれる。

→ 物事の真ん中ととらえ、他の要素と常にバランスを取るように
　心がけるべし。

——————— ゴダイチ

　　ミーティングルームでは、商品企画部の奈仁尾（なにお）課長のグループが、今期の反省を踏まえ、来期の方針や施策を決めるためのブレストが行なわれている。

　奈仁尾「今期も終盤に入ったけど、活動はいろいろ反省点も多いです。ここまでのところを振り返って、来期は何を改善するか、何を行なうかを考えていきましょう。皆さんからまずは自由に意見を出してみてください」

　奈仁尾と他のメンバーたちは短い沈黙の後、堰を切ったように話し出した。

メンバーA「今期はあまり魅力的な商品が出せなかったですね。もっと競合と差別化できる商品をいち早く開発すべきでした。それから…」
メンバーB「確かに顧客へのインパクトが弱かったし、開発が後手に回りましたよね。もっとお客様に喜んでいただけるソリューションが必要ですね。そのためには各部門の連携を強化して、スピーディーにコンセンサスを得る体制を再構築する必要がありますね」
奈仁尾「全社一丸となって、付加価値の高い商品をタイムリーに出す必要があるってことよね。どうすればいいのかな？」
メンバーC「もっと組織を活性化して、全体的にコミュニケーションをスムーズにしたいですね」
メンバーD「うちの部がもっとしっかり"ハブ"になって、市場の声と当社の強みを戦略的につなぎ合わせる役目を果たさないと。あとは…」
メンバーE「そういう意味では、商品企画会議のあり方も抜本的に見直すべきですね。アジェンダ決めや進め方ももっと効率化することが必要だと思います。それに…」
奈仁尾「いろいろ課題が出たけど、それぞれもっともな意見だし、考える必要があると思います。で、何が重要なんだっけ？」
全メンバー「………」

　活発なブレストになっているとはいえ、奈仁尾は議論が拡散し、また、ふわっとしすぎていると感じていた。皆もっともらしい意見を言っているように思えるのだが…。

奈仁尾の問い・指示・指導・進め方などの問題点を考えてみましょう。

CHAPTER

1 When

2 Where

3 Who

4 Why

5 What

6 How

13 アクショナブルワードへの変換

「誰が・何を・いつ・どの程度・どのように」

☑チームのふわっとした、表層的な議論を"シメる"には

5W1Hの5つめの要素は「What（何を）」です。Whatは「事象・内容軸」の概念です。5W1Hの要素の中でも、最も「見えやすいもの」「真ん中に位置するもの」と言っていいでしょう。

「何が起きているか？」「何を考えるのか？」「何をするのか？」などのWhatの問いは、物事の起点となる基本的な問いになります。これらに対する"中身"を説明する際、たとえば以下のような文言が、組織内で頻繁に使われていないでしょうか？

「競合がインパクトのある製品を投入し、差別化を図っています」

「付加価値のさらなる向上に向け、鋭意検討します」

「わが社ではイノベーション経営を一層推進し、企業価値を高めます」

「当面は、シナジーを意識して戦略的に対処してください」

単なる社外的な「スローガン（標語）」や「あいさつの文面」ならまだ許せます。しかし、

・商品企画部の担当者が競合分析と称して、こんな言葉を使ってプレゼンしている

・経営企画部主催の戦略会議で出席者が、こんな言葉を使って報告している

・トップが社内の年初の方針発表で、こんな言葉を使って説明している

・部長が会議の終わりに、こんな言葉を使ってメンバーに指示している

とすれば、かなり問題です。

こういう言葉を「ビッグワード」と呼びます。「抽象的で、意味が広く、いろいろな解釈を生んでしまう言葉」です。それっぽくて、かっこいい

言葉（カタカナ語や流行り言葉）だったり、当たり障りのない、当たり前の言葉だったりします。

インパクト、差別化、付加価値、向上、鋭意、検討、活性化、イノベーション、推進、企業価値、当面、シナジー、意識、戦略的、対処…など、こうした言葉を聞いて、いつ、誰が、何を、どの程度、どのようにすればよいのか、アクションのイメージが具体的に湧くでしょうか？ 行動に落とせるでしょうか？

きっと、動くことができないか、あるいは、それぞれの人がそれぞれの受け止め方をし、バラバラの行動を取ってしまうかでしょう。そもそもビッグワードでメッセージを出す人自身が、行動のイメージがなく、「あとは自分たちで考えて、よろしくやってね」と、周囲に丸投げしたいがために使うことがほとんどなのですから。ビッグワードにだまされてはいけません。

ビッグワードの弊害は「行動面」ばかりではありません。怖いのは、周囲の「思考面」への影響です。「言葉の甘さ」は「思考の甘さ」に通じます。こうしたもっともらしい言葉を発した本人も、受けた人も、「ビッグワードの魔法」にかかってしまい、いつしか思考停止に陥り、ふわっとしたやりとりが心地よくなってしまう、それ以上深く考えるのをお互いに止めてしまう。そんなムードを組織に蔓延させてしまうのです。

ただ誤解してほしくないのは、こうした抽象的な言葉自体が悪いわけではありません。「抽象化」は立派な思考技術です。お互いの言葉の定義やイメージが合っている上で使うぶんには、問題ありません。むしろコミュニケーションを効率的にします（時間を短縮できます）し、印象を強める“キラーワード（殺し文句）”になる場合すらあります。

つまり、ビッグワードになるかならないかは、使われている場面や文脈によるのです。次頁に「ビッグワードの例」を示しています。比較的、その意味する範囲が広く、人によってその解釈が分かれやすい言葉を挙げていますが、この限りではありません。表に載っている言葉を覚えることにあまり意味はなく、大事なことは、どんな言葉を使うにせよ、

図表5-1　ビッグワードになりうる言葉の例

名詞	付加価値、生産性、差別化、最適化、活性化、効率化、顧客満足、連携、山積み、人間力、地域社会への貢献、QOL、ビジョン、バリュー、コミットメント、グローバル化、サービス、ソリューション、イノベーション、シナジー、ダイバーシティ、エンゲージメント、パラダイムシフト、ブレークスルー、インパクト、リーダーシップ、コミュニケーション、ブランド力、ストーリー、ソフト・ハード、DX（デジタル・トランスフォーメーション）…
動詞	改善する、向上する、強化する、推進する、見直す、検討する、注意する、意識する、徹底する、バランスを取る、調整する、対処する、再構築する、整備する、努力する、善処する、ベストを尽くす、頑張る、ニーズに応える、期待に応える、企業価値を高める…
形容(動)詞 副詞、他	魅力的な、抜本的な、戦略的な、総合的な、次世代的な、かなり、非常に、大変、もう少し、だいたい、もっと、できるだけ、早めに、しばらく、前向きに、適当に、当面、鋭意、誠心誠意、よろしく、独自の、固有の、オリジナルの…

「その文脈で、意味が通じるか？ 解釈が分かれないか？」を常に意識し、言葉を吟味することです。

　たとえば、しっかり考えなくてはならない会議の場面、重要な仮説を立てる場面、提案書など人を動かす文書を作る場面、メンバーにアクションを指示する場面などでは、できるだけビッグワードを使わず、具体的に考え、具体的に伝えるようにしたいものです。

　つけ加えると、その業界、その領域、その会社、その部門だけにしか通じない「専門用語」も気をつけるべきです。理解できる人たち同志で使うぶんには構わないのですが、そうでない場合は、誰もが理解しやすい言葉に置き換える心配りは必要です。

曖昧な言葉に対する警戒感度を高めよう

　では少し練習してみましょう。あなたは、以下のようなメッセージを会議でメンバーに伝える必要があると考えています。曖昧な言葉（複数）を自ら指摘してみてください。また、それを具体的にどう直すかも考えてみてください（状況は自由に設定してもらってかまいません）。

CHAPTER

1 When

2 Where

3 Who

4 Why

5 What

6 How

> ①市場動向が変化してきたので、A商品の差別化が必要だ。当初計画の見直しをしたい。
> ②当面は、コミュニケーションの活性化を目指したい。

× まだまだの修正例

→①「市場が成熟してきたので、A商品について、他社製品と違いを出すことが必要だ。当初計画を前倒ししたい。」

「違いを出す」というのは、「差別化」を別の言葉で言い換えたに過ぎません。また、「成熟してきた」とはどの程度なのか？「何を」差別化する（違いを出す）のか？「前倒し」とはどの程度（どれくらいの期間）なのか？が明確になっていません。

→②「さしあたり、部門内の意思疎通をもっと積極的にやってもらうことを目指したい。」

「さしあたり」は「当面」を、「意思疎通」は「コミュニケーション」を、「積極的にやってもらう」は「活性化」を、それぞれ別の言葉で言い換えたに過ぎません。ここでは「類似語」で言い換えるというより、定量化すること、より具体的項目に落とし込むこと、受け手に情景（イメージ）が浮かぶようにさらに書き下すことを意識してみるとよいでしょう。

○ 望ましい修正例

以下はあくまでも例です。どこまで落とし込むかはケースバイケースですが、「相手が容易に理解でき、行動のイメージが湧くような具体的な言葉」＝「アクショナブルワード（Actionable Word）」で伝えることを心がけましょう。

> ①市場動向が変化してきたので、A商品の差別化が必要だ。当初計画の見直しをしたい。

「市場動向が変化」→具体的に何がどう変化したのかを示す。たとえば、「マルチビタミンサプリのA商品のメインターゲットである30歳代女性の需要の伸び率が、直近の3年間、2〜3％に低下してきた」

「差別化」→「シェアをキープすべく、主要競合2社と、素材と効能メッセージの違いを出すこと」

「見直し」→「製品改良時期の変更（2ヵ月前倒し）」

> ②当面は、コミュニケーションの活性化を目指したい。

「当面」→「期初から半年間」

「コミュニケーション」→「特に全マネジャーとそれぞれのメンバーの間での、定例会議以外での口頭での対話」

「活性化」→「情報の交流量がこれまでの2倍程度になり、お互いの考えや行動が刺激を与え合えるような状態になること」

▷「ビッグワード」を「アクショナブルワード」に変換する

　マネジャーであれば、自らも耳ざわりのよい美辞麗句だけを使うことは避けたいですし、会議など、しっかり考え、議論しなくてはならない場面で、ビッグワードのオンパレードのような「ふわっとメッセージ」が氾濫しているようであれば、早期にメスを入れることが大切です。なんの反論もできないような、もっともらしい議論が続いているときこそ、

CHAPTER

1 When

2 Where

3 Who

4 Why

5 What

6 How

思考の浅い、表層的な議論をしている証拠。ビッグワード・シンドロームへの警戒感度を高めるべきです。

「ふわっと議論」を避けるには、会議などの始めに、「"ビッグワード"ではなくて、"アクショナブルワード（相手が容易に理解でき、行動のイメージが湧くような具体的な言葉）"で話そう」と宣言するだけで、メンバーのビッグワードへの"感度"が高まり、効果があります。

　また、ミーティング中の対応としては、「具体的にはどういうこと？」という問いで打ち返すことに尽きますが、ただこの一点張りではなかなかメンバーの思考を深め、引き出すには限界があります。たとえば以下のような5つの視点での問いやアドバイスも合わせて使うとさらに効果的です。「ビッグワードを具体化する**5つの視点**（てん・ち・ひ・ぶん・り（れ）／天地非分離）」となります。

【展開】「それって、誰が、何を、いつ（までに）、どの程度、どのようにするってこと？」
主語、述語、目的語、そして、期限や程度を明確にさせる、つまり、適宜5W1Hの要素に展開してもらう。具体的な数字を示してもらう。

【置換】「その横文字、日本語にするとどうなる？　その言葉、中学生でもわかる言葉にするとどうなる？」
カタカナ語や専門用語を過剰に使う傾向のあるメンバーは自分の知識をひけらかしたい場合が多い。あえて、素人でもわかる易しい言葉に置き換え（定義）ることで、その難しさを感じさせ、「あなたの言葉もそれくらいの理解の難しさがあるんだよ」ということを暗に認識してもらう。

【比較】「それって、"何はしない"で"何をする"ということ？」
たとえば、メンバーが「"商品ブランド力"を高める必要がある」と言ったら、「何はしないで（何ではなくて）"商品ブランド力"を高めるのか？」「商品そのものの品質や性能ではなくて、商品のイメージを高め

るのか？」「企業ブランドではなく商品ブランドなのか？」など、「比較」を使って補足説明してもらう。

【分解】「それって、分解するとどう示せる？」

「生産性を高める」「効率を良くする」「営業力を強化する」「総合力を高める」などのビッグワードは因数分解してもらい、特にどれかを示させる。たとえば、効率＝「訪問件数↑÷活動時間↓」の特にどっち？ 営業力＝「既存深耕力＋新規開拓力」、営業力＝「アプローチ力→ニーズ把握力→商品アピール力」の特にどれ？ など。

【例示】「それって、たとえばどうするってこと？ 特にどうするってこと？」

ビッグワード自体を具体的に定義するのはハードルが高い場合、「たとえばの例（事例）」や「そのための手段」、自分自身の経験談（ストーリー）を話してもらう。

CHAPTER

1 When

2 Where

3 Who

4 Why

5 What

6 How

ゴダイチの解説 奈仁尾はどうすればよかったのか？

改めて冒頭のケースに戻ります。「What：何を改善するか？／何を行なうか？」を議論しているわけですが、奈仁尾が最後に感じているように、全体的にふわっとした、抽象的な意見交換で終始してしまっています。前述の表に掲載されているビッグワードのオンパレードという印象です。こんな議論ならやるだけムダです。

奈仁尾自身も、メンバーA、Bの意見を、「全社一丸となって、付加価値の高い商品をタイムリーに出す必要があるってことだね」と、輪をかけたビッグワードで総括してしまい、「論点を絞り込んで掘り下げる」「抽象的な意見を具体的に詰める」といった議論のマネージができていません。やりとりの中で、そうした機会（箇所）はいくらでもあったはずです。

たとえば前半では、次のような問いやアドバイスが考えられます。

・「"差別化できる商品"って具体的にどういうものか？」「たとえばどんな差別化の方向（手段）があったのか？ "競合と同様のことをより良くやること"？ それとも、"競合がやっていないことをやること"？ 主にどっちか？」

・「"お客様に喜んでいただけるソリューション"って、どんな言葉に置き換えられる？ あるいは、どう分解できる？ 商品自体の効能や品質？＋商品以外の利便性？＋情報提供サービス？ それとも全部なのか？」

・「"スピーディーにコンセンサスを得る"って、何について、どれくらいの期間で決められればいいのか？」

後半では、次のようなツッコミやアドバイスが考えられます。

・「イメージはわかるのだけど、"組織を活性化"するってもう少し具体的にどういうことか？」「たとえばどういう状態になっているといいのか？ 特に何をすることか？」

・「"戦略的につなぎ合わせる"って、どうではなくて、どうなっていると"戦略的"と言えるのか？」……

　このように、前述の「ビッグワードを具体的にする5つの方法」、"展開"、"置換"、"比較"、"分解"、"例示"をうまく活用すれば、プレッシャーをあまりかけずに議論を掘り下げることができるでしょう。

　さらに、あれもこれも複数の項目を長く話したがるメンバーには、ただ、「何が重要か？」ではなく、「特に重要なポイントを3つに絞る（まとめる）とどういうことか？」「あえて1つに絞り込むと何か？」という問いかけで、考えを整理させると効果的です。

　ケースの内容から、メンバーは、「市場の声（ニーズ）と自社

の強み（シーズ）を適時適切に結びつけて商品化するプロセス」に課題があると感じているようです。だとすれば、特にどこに問題があり、その原因は何なのか、それを踏まえてどんな施策が考えられるか、もっと論点を明確に示しながら、議論を絞り込んでいきたいものです。

CHAPTER

1 When

2 Where

3 Who

4 Why

5 What

6 How

⑬Whatの問いかけ　アクショナブルワードへの変換

「（ただ）具体的にはどういうことか？」

→「それって、誰が、何を、いつ、どの程度、どのようにするってことか？」（展開）

　「その横文字、日本語にするとどうなるか？　その言葉中学生でもわかる言葉にするとどうなるか？」（置換）

　「それって、“何はしない”で“何をする”ということか？」（比較）

　「それって、分解するとどう示せるか？」（分解）

　「それって、たとえば／特にどうするってことか？」（例示）

「（ただ）何が重要か？」

→「特に重要なポイントを３つに絞る（まとめる）とどういうことか？」

　「あえて１つに絞り込むと何か？」

商品企画部の課長の奈仁尾と主要メンバーたちはミーティングルームに入り、今期の部の最重要人材教育施策について検討している。このあと部長に「何をやるのか」をA4、1枚程度で説明する必要があるのだ。

たたき台作成を担った望月が、「まだ方針レベルのメモなんですが…」と断った上で示したのは以下のものだった。

課題を発見し、意味のある商品を、構想するスキルを強化する

望月「自分の中にイメージはあるのですが、うまく表現できなくて…」

短い沈黙のあと、奈仁尾と他のメンバーたちは、次々に意見を述べた。

メンバーA「意味は何となくわかるんだけど、なんか当たり前の感じですね」

メンバーB「これだけだと賛成も反対もないな〜。もう少しブラッシュアップしたほうがいいのでは？」

望月「どういうふうにブラッシュアップすればいいですかね？」

メンバーB「どうやってこれを達成するのか…とか、もっと補足が必要ですよね」

メンバーC「ちなみになんでこれにしたの？ なぜこういうスキルが重要なの？」

望月「最近はライバルの後追いが多いですし、市場データは一応企画に活かしているので、それなりに顧客ニーズに沿っているとは思うんですけど、結果的に既存商品の改良版のようなものに落ち着いちゃって…。なんか自分たちの商品開発のスキルに限界を感じているんですよね」

メンバーD「『意味のある商品』ってどういうこと？ 望月さんなりに考えていることがあると思うんだけど…」

望月「皆さんいろいろ言ってくださるんですけど、なんか逆にこんがらがっちゃって…。こういうのって、どう整理して考えると、わかりやすく伝わりますかね…？」

と、奈仁尾に助けを求めた。

奈仁尾「う〜ん。噛みしめて読んでみると、メッセージに望月さんなりのこだわりはあると思うんだけど、その辺も含めて、もう少し具体的に書いたほうがいいかもね…」

望月「具体的に書くって、具体的にどういうことですか？？？」

奈仁尾「だから、もっと詳しくってこと。みんなからの意見を参考にして、もう一度考えてみてよ」

奈仁尾は自分のアドバイスが不足していることはわかっていたが、気の利いた言葉が見つからずにいた。

奈仁尾の問い・指示・指導・進め方などの問題点を考えてみましょう。

CHAPTER

1 When

2 Where

3 Who

4 Why

5 What

6 How

"3層＋比較"の構造化

「何を何のためにどのように？」
「何ではなくて、それ」

☑ メンバーの頭を整理させ、施策提案力を高めるには

What の問い、たとえば、「何が起きているか？」「何を考えるのか？」
「何をするのか？」などは、物事の起点となる基本的な問いとなりますが、
ことビジネス（集団で何かを成し遂げる活動）においては、これらは単
独で存在するというより、「Why（なぜ？／何のために？）」「How（ど
のように？）」という問いが"セット"で求められることが多いものです。

したがって、前章（Why）でも触れた「Why-What-How の 3 層構造」
を常に意識することが大切になります。自分の知識や考えを整理する（企
画を作る）とき、論理的にわかりやすくコミュニケーション（説明）す
るとき、メンバーにアドバイスするときなど、さまざまな場面で汎用的
に活用できます。

図表5-2　Why-What-Howの3層構造

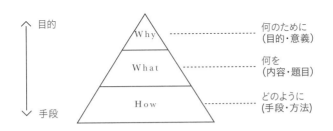

「What：何をするのか？」を考え、説明する際には、単なる"思いつき"
にしない（見せない）ためにも、すかさず、上（Why：何のために？）

と下（How：どのように？）をセットでとらえるクセをつけるということですね。そうすることによって、考えや説明に深みが出るわけです。

　たとえば「働き方改革」がテーマならば、「なぜ働き方改革が必要なのか（Why）」「その内容はどういうものなのか（What）」「それをどのように進めるのか（How）」という3点セットを意識して組み立てれば、シンプルでわかりやすく、かつ深みのある説明になるはずです。

◽ジョブズもキング牧師も3層構造

　私たちは今もスティーブ・ジョブズという革命的な経営者が創業したアップルの製品に魅了され続けていますが、アップルが自社の製品を次のように説明したことはよく知られています。

　「私たちは世界を変えられると信じています。そして常に既存の考え方とは違う考え方［Think different］に価値があると信じています（**Why**）。私たちが世界を変えるための手段は、美しくデザインされ、簡単に使え、親しみやすいことです（**How**）。そして、ついにこんな革新的な製品ができ上がりました（**What**）」。

　また、人種差別撤廃に大きな貢献をした社会革命家のキング牧師。当時の演説家はキング牧師だけではありませんでしたが、なぜ彼の演説はあれほどまでに当時の人々の心をつかんだのか？

　多くの演説家は、「私にはプランがある（What）。その（人種差別をなくす）方法は〜だ（How）」と語りました。しかし、キング牧師だけが、「私には夢がある［I have a dream］（**Why**）。〜それは、いつの日か、ジョージア州の赤土の丘で、かつての奴隷の息子たちとかつての奴隷所有者の息子たちが、兄弟として同じテーブルにつくという夢である〜。そのプランは〜（**What**）。その方法は〜だ（**How**）」と。

　3層の順番はさておき、"Why-What-How"の3つをしっかり揃えることの重要性を教えてくれます。

□「何を」を明確に示す①"上下セット(3層)"でコクを出す

　冒頭ケースに触れる前に、考え(特に計画や施策)を整理して、伝える際に3層構造を活用するイメージとコツをもう少し具体的につかんでみましょう。

　3層の要素は、Why(なぜ?／何のために?)、What(何を?)、How(どのように?)ですが、それぞれ、「目的は〜」「基本的な内容は〜」「具体的(詳細)には〜」という基本フレーズを、テーマや場面に応じて"くずして(言葉を変えて)"活用できるようになると、応用範囲は広がります。

　ちなみに説明する順番としては、上からWhy → What → Howの順が基本ではあるものの、これが絶対というわけではありません。WhatやHowを先に述べる、3層の説明の軽重を変える(メリハリをつける)など、場面や相手の関心に応じて柔軟に変えることも考慮すべきです。

　さて、たとえば、「**What:何をするのか?**」=「なじみのある"5W1H"をもっと活用すべきだ」ということを主張(提案)したいとしましょう。このとき、5W1Hの構成要素や各要素の関係性など、What要素を詳しく説明するだけでなく、たとえば次のように、「**Why:なぜ、何のために 5W1H を活用するのか?**」や「**How:どのように 5W1H を活用するのか?**」の3層で構造化して説明すれば納得度は高まります。提案に深み、コクが出てくるわけです。

　シンプルに骨子だけ示すと、たとえば次図のようになります。

図表5-3　「5W1Hをもっと活用すべきだ」　①上下セットで構造化して話す

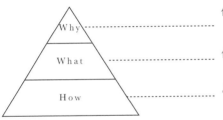

何のために
多くのアイデアを発想する、パワフルな説明をする、筋のよい問題解決策を導くなど、幅広く応用できる(ため)

何を
なじみのある"5W1H"をもっと活用すべきだ

どのように
目的や場面に応じ、各要素を柔軟に変形して使う

CHAPTER

1 When

2 Where

3 Who

4 Why

5 What

6 How

▷「何を」を明確に示す② "比較セット"でキレを出す

しかし、さらに重要なのはここからです。「何をするのか?」をより
パワフルに示したい場合、ただ3層構造を意識するだけでは不十分な
のです。

前図の右側にあるWhyからHowまで通して読んでみたとき、それ
ぞれにおいて、何となく意味が曖昧で、ピンとこない感じがしませんか?
あるいは、5W1Hの活用場面をよく知っている人にとっては、この記
述では迫力がなく、"当たり前"のように思えてしまうかもしれません。

私たちは通常、何かを考えたり、提案したりする際、「何である」「何
をする」ということばかりに考えが向いてしまい、逆に「何ではない」「何
をしない」という"反対側のこと"はほとんど視界から外れてしまいま
す。しかし実は、これが真に説得力を欠く要因なのです。

ここで「何ではないが、何である」と比較で示すと、提案にはエッジ
が立ちます。たとえば、単に「顧客単価を上げよう」と言うより、「顧
客数を増やすのではなく、顧客単価を上げよう」と示すほうが、方針の
スタンスが明確になり、資源の使い方や集中度が変わるのです。

2020年から日本国内で順次サービスが始まった「5G(第5世代移動
通信システム)」を説明するならば、「5Gとは何か?(What)」に加え、
「5Gが導入される背景や目的は?(Why)」「5Gで実際どんなことがで
きるか?(How)」をただまともに伝えるよりも、「4G」と比較しながら、
その違い(メリット・デメリットや、4Gではできないが、5Gではこ
れができるなど)を述べるほうがわかりやすいはずです。

もちろん、こうした"移行モノ"は比較がしやすいので、誰もが自然
に行なうのですが、そうではない事柄は、この"比較"や"違い"が置
いてきぼりになってしまうことが多いのです。

先程の「5W1Hをもっと活用すべきだ」を説明するなら、やはり「比
較要件」として置くことで、自分の思考スタンスが明確にでき、説明に
もキレが出てきます。

図表5-4 「5W1Hをもっと活用すべきだ」 ②比較セットでエッジを効かせて話す

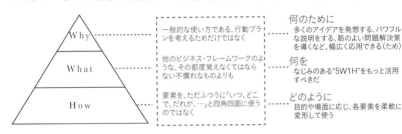

　上のように、右側の一連のメッセージだけだと、確かにロジックは通っているものの、意味が漠然としてしまい、当たり前、凡庸な提案に見えます。提案者が真に訴求したい、5W1H"ならでは"の価値や活用のポイントが埋もれてしまうのです。

　そんなとき、左側のような「比較要件」を加えると、コントラストが生まれ、それによって立ち位置（スタンス）が明確になり、メッセージが際立ちます。施策にエッジが立ち、提案にキレが出てくるので、相手の心に響きやすくなるのです。

図表5-5 What(何をするのか?)の提案力を高める2つのベクトル

上下 (3層) ＼ 比較	＜──── キレを出す ────＞	
	××ではなく、○○(否定) ××より、○○(重点) ××から、○○(変化)	
Why 何のために?	一般的な使い方である、行動プランを考えるためだけではなく	多くのアイデアを発想する、パワフルな説明をする、筋のよい問題解決を導く、など、幅広く応用できる(ため)
What 何をするのか?	他のビジネス・フレームワークのような、その都度覚えなくてはならない、不慣れなものよりも	なじみのある"5W1H"をもっと活用すべきだ ありがちな思考・説明の中心
How どのように?	要素をただ普通に、「いつ、どこで、誰が…」と四角四面に使うのではなく	目的や場面に応じ、各要素を柔軟に変形して使う

コクを出す

CHAPTER

1 When

2 Where

3 Who

4 Why

5 What

6 How

このように、「3層」によって、思考や説明のコク（深み）が出ることに加え、「比較要件」を織り込むことで、キレも追加されるわけです。ちなみに、「比較要件」は3層すべてに必要というわけではありませんが、少なくとも、施策や計画の中心メッセージである「**What：何をするのか？**」の部分には織り込みたいものです。

この「比較」のパターンには大きく以下3つのパターンがあります。それぞれに例を示します。

①否定：××ではなくて○○
例「（効率的ではなく）効果的な顧客開拓を行なう」
　→時間当たりや人当たりの成果を上げるという意味の「効率」はあえて狙わないことを明確にすることで、新たな価値や価格を上げることも含め、節約・コストダウンなどは負わずに、とにかく売上（規模）そのものを増やす工夫に力点を置くことが強調できる。
例「（役に立つ商品ではなく）意味のある商品を投入する」
　→単に顧客の利便性を上げるのではなく、顧客が真に喜ぶ自己実現的価値を作るという意味やこだわりが明確になる。

②重点：××より○○
例「（利益より）売上を伸ばす」
　→（たとえ利益は落としてでも）規模を拡大する（ライバルを蹴落とす）ことが優先されることが明確になる。絶対的な否定が使えない（使いたくない）場合に有効な示し方になる。
例「（デメリットより）メリットがある［大きい］」
　→「デメリット（マイナス面）もあるけれど、比較考量した結果、メリット（プラス面）のほうが大きい」ということを伝えることで、主張の説得力が高まる。

③変化：××から〇〇

例「(論理重視から) 感性重視の、(議論中心から) 対話中心の時代になる」

　→「論理重視から変化する」「議論中心からシフトする」というベクトルが示されることで、メッセージにダイナミズムが加わり、主張の意味がより明確になる。

例「(価格競争から) 価値競争へ」

　→「価格競争」という対照的な"変化の元"が示されることで、単なる「モノの値段」ではなく、「モノの効用 (コト作り)」がより大切になるという変化のニュアンスが伝わりやすくなる＊。

　ここまでのところをまとめると、「What：何をするのか？」を考え、説明する際には、「3層セット」に加え、"BではなくAである"というような「比較セット」も同時に考慮することで、施策や計画にインパクトが出てきます。凡庸な表現が、刺さるメッセージに変身します。

「"戦略 (To Do)"とは捨てることだ」とよく言われます。「何をするか」と同時に「何をしないか」を決めることが大事ということです。あるコンサルティング会社で5,000人以上を指導してきたベテラン教育担当者は、「これをやりなさい (Do)」という正しいことをふつうに伝えるより、「これをやってはいけない (Don't)！」を加えるほうが、印象に残り、気づきが大きいと指摘しています。

　つまり、「何をするのか？」を明確に示すことの本質は、「比較すること (違いや変化を示すこと)」にあるのです。「何はしないで"それ"をするのか？」「何ではなくて"それ"なのか？」「何より"それ"なのか？」「何から"それ"になのか？」、比較対象との"違い (差分)"をメンバーに常に考えさせることが、組織としてのパワフルな施策作りにつながります。

　初めて自動車が発売されたとき、それは「馬なし馬車」と紹介され、広く普及していきました。このネーミングのおかげで、大衆は既存の輪

CHAPTER

1 When

2 Where

3 Who

4 Why

5 What

6 How

＊「価値協創」という言葉が一般的だが、ここでは「顧客にとっての価値 (効用) の高め合い競争」という意味で使っている。

送機関に対抗するものとして自動車を認知したのです。「ガソリンエンジンで動く車」では人々に理解してもらえなかったということです。

　人は、すでにあるものと関連（比較）づけられない限り、想起できません。何か提案する際には、ただその特徴そのものを真正面から説明するだけではなく、従来のもの、これまでやってきたもの、相手がすでに認識しているものとの「違い」を明確にすることで、エッジが立ち、理解を促進することができます。

ゴダイチの解説　奈仁尾はどうすればよかったのか？

　ここまでの解説で、すでに冒頭のケースで考えたいポイントはお察しだと思います。簡単に見ていきましょう。

> 課題を発見し、意味のある商品を、構想するスキルを強化する

　メンバーの望月が出した「今期の商品企画部の最重要人材教育施策のたたき台（メモ）」＝「What：何をやるのか？」について、他のメンバーからいろいろなフィードバックがあります。これらは大きく2つの指摘に分けられそうです。

①「Why：なぜそれをやるのか？」「How：どのようにそれをやるのか？」、背景・目的や具体的な方法が明確になっていない
②当たり前に感じ、真の意味がよくわからない

　こうした指摘に対して、望月が最後のほうで「どう整理して考えると、わかりやすく伝わりますかね？」と助けを求めているの対し、奈仁尾は「もう少し具体的に考え、詳しく書いてほしい」と言うに留まり、自分でも感じている通り、気の利いたアドバイスや、議論を整理し、深めるようなミーティングの進

図表5-6　（案）今期の商品企画部の最重要人材教育施策

← 「比較セットで」キレを出す →

上下(3層) ＼ 比較	××ではなく、○○（否定） ××より、○○（重点） ××から、○○（変化）	
Why 何のために？	・未来の予測が難しいだけでなく、これまで主流だった、「既存市場で、顧客との関係を深める」のみならず、 ・ただ「顧客の顕在ニーズに応え、ライバルの後追いをする」のではなく、 ・従来中心だった、「価格（コスト）ダウンによるボリュームセールス」ではなく、	・過去の経験（蓄積）の活用が難しい時代、新規市場の開拓が全社的に不可欠になってきている今日、 ・顧客でさえ気づいていない、潜在ニーズをとらえた業界No.1商品をいち早く投入し、 ・価値（顧客単価）を高める提案型セールスをやりやすくすることで、多くの顧客を引きつけることが重要になる。
What 何をするのか？	・これまで重視されてきた「目の前の問題を解決する」ではなく、 ・単に「顧客に今役に立つ（便利な）商品」ではなく、 ・ただ「顕在化しているニーズに"対応"するスキル／客観的なデータから"予測"するスキル」ではなく、	■（自ら新しい）課題を発見し、 ■（顧客が本当に喜ぶ）意味のある商品を、 ■（主体的にゼロベースで）"構想"するスキル を強化する。
How どのように？	・「（頭が柔軟な）若手部員」対象の「自社社員だけの閉じた研修」ではなく、 ・現在（現状）からの改善の積み上げではなく、 ・「デスクワーク」の比率をドラスティックに減らし、	・（経験のある）中堅部員を中心に、オープンスクール（プログラム）に派遣し、「アート思考」など創造性開発を強化する ・商品企画部内で、月2回のペースで、未来のありたい姿を起点に、商品アイデアを考えるVBCミーティング（前章参照）を行なう ・フィールドワーク中心のエスノグラフィー調査＊を、若手3名程度に経験させる

↕ 「上下セットで」コクを出す

CHAPTER

1 When

2 Where

3 Who

4 Why

5 What

6 How

行ができていません。

　前述のように、①については、「What（何を？）」とセットで、「Why（何のために？）」と「How（どのように？）」も考える。つまり、「上下セット（3層構造）」をしっかり押さえるアドバイスをすることが有益です。メンバーに、「What：何をするのか？」

＊エスノグラフィー：民族学、文化人類学などで使われる、主にフィールドワーク（現場）での人間観察により、人々の意識や行動を調査研究する手法。昨今はマーケティングや医療などの分野でも活用されている。

を考えさせ、説明させる際には、単なる"思いつき"にさせないためにも、すかさず、その上下（3層）をセットで整理し、言語化するクセをつけてもらうわけです。

　また、②については、施策の中身を具体的に掘り下げる導きが必要ですが、ただ「具体的には？」と問い詰めるだけでは不十分です。「何をするのか？」を明確に特定することの本質は「何をしないのか？」を考えることでもあります。

　たとえば、「何はしなくて"それ"をするのか？」「何ではなくて"それ"なのか？」「何より"それ"なのか？」「何から"それ"になのか？」など、「比較」を意識した問いを重ねながら、望月の思考を深め、最初の"凡庸な"施策案を肉づけし、キレのある、より具体的なものにブラッシュアップしていくことが求められます。

　上記2点は、「What：何をやるのか？」、つまり、施策や計画を考え、伝える上で、基本形として頭に入れておくと、マネジャーとして、組織全体の施策提案力を高める上で役立つでしょう。メンバーにこうしたことをクセづける以前に、マネジャーとして自分が施策を伝える際にも押さえるべき大切なポイントであることは言うまでもありません。

　ちなみに、ケースの「今期の商品企画部の人材教育施策（案）」の例を示すと前頁のようになります。

　大事なことは、この中身自体というより、メンバーが最初に出した「たたき台（太字の部分）」を、「上下（3層）セット」と「比較セット」を活用しながら、議論を広げて深め、構造化していくプロセスです。

　左側の「比較」の部分はやや過剰なくらい記述してあります。あくまで施策の中身を明確にしていくためのヒントとして参考にしてください。

▷「1ペーパー3層企画書」でシンプル＆パワフルに

最後にもう一つ、前述のような企画や提案を考え、簡潔で切れ味よくまとめるには、3層構造をベースにした、「1ペーパーフォーマット」が効果的です。各層の項目は3つ程度にまとめると、要点が伝わりやすくなります。

マネジャーは、メンバーにこうしたフォーマットで、まずは手書きでもかまわないので、"Quick & Dirty（さっさとざっくり）" にまとめる習慣をつけてもらいたいものです。

図表5-8　（企画書）今期の商品企画部の最重要人材教育施策案

【テーマ】最重要人材教育方針（案）	【イシュー】今期、わが部で、最も力点を置きたい人材教育方針・施策は？	【結論】顧客が「今欲しい」商品ではなく、「数年後に喜ぶ商品」をゼロから構想できる能力を強化する	【補足】・○月○日実施の課内会議の内容がベース・実施の予算、スケジュールなどは別途検討要
Why:教育の背景・理由	（時代背景）未来の予測だけでなく、過去の経験（蓄積）の活用すら、難しい時代に変化	（商品企画の方向性）既存市場強化に加え、新規市場開拓を進めるため、顧客でさえ気づいていない価値を持つ業界No.1商品の早期投入が必要	（セールスの方向性）価格競争型セールスから価値提案型セールスへ脱皮、市場（顧客）のすそ野を拡大
What:教育方針（施策）	目の前の問題（ニーズ）を解決するのではなく、 新しい課題（潜在ニーズ）を発見する	言い換えれば、顧客が「今役に立つ商品」ではなく、 顧客が「本当に喜ぶ、意味のある商品」を企画する	より具体的には、客観的データから"予測"するだけではなく、 主体的に、ゼロベースで"構想"するスキルを強化
How:具体的な教育方法	1つめは、中核となる中堅部員対象、創造性開発スクールへ派遣	2つめは、全部員対象、アイデア発想"VBC"ミーティングの実施	3つめは、若手部員対象、エスノグラフィー調査の経験

なお、このフォーマットは、企画書、提案書、報告書など、自分の考えを整理するとき、論理的にコミュニケーション（説明）するとき、書籍や資料などを読んで内容を理解するときなど、さまざまな場面で活用できます。次頁に概要を紹介しておきますので、参考にしてみてください。

CHAPTER

1 When

2 Where

3 Who

4 Why

5 What

6 How

図表5-7　1ペーパー3層企画書フォーマット

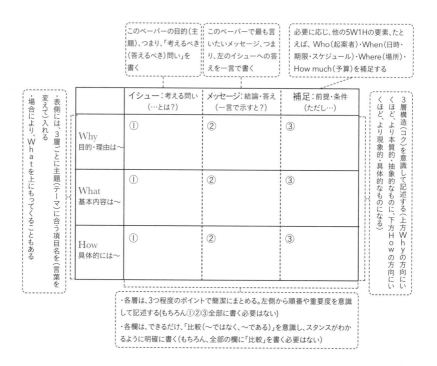

このペーパーの目的(主題)、つまり、「考えるべき(答えるべき)問い」を書く

このペーパーで最も言いたいメッセージ、つまり、左のイシューへの答えを一言で書く

必要に応じ、他の5W1Hの要素、たとえば、Who(起案者)・When(日時・期限・スケジュール)・Where(場所)・How much(予算)を補足する

・表側には、3層ごとに主題(テーマに合う項目名を《言葉を変えて》入れる
・場合により、Whatを上にもってくることもある

	イシュー:考える問い (…とは?)	メッセージ:結論・答え (一言で示すと?)	補足:前提・条件 (ただし…)
Why 目的・理由は〜	①	②	③
What 基本内容は〜	①	②	③
How 具体的には〜	①	②	③

3層構造(コク)を意識して記述する(上方Whyの方向にいくほど、より本質的・抽象的なものに、下方Howの方向にいくほど、より現象的・具体的なものになる)

・各層は、3つ程度のポイントで簡潔にまとめる。左側から順番や重要度を意識して記述する(もちろん①②③全部に書く必要はない)
・各欄は、できるだけ、「比較(〜ではなく、〜である)」を意識し、スタンスがわかるように明確に書く(もちろん、全部の欄に「比較」を書く必要はない)

⑭Whatの問いかけ "3層＋比較"の構造化

「もう少し具体的に考え、詳しく書けないか?」
→「"What(何をする?)"だけでなく、"Why(何のために?)"と"How(どのように?)"とセットで言えるか?」

「何をするのか?」
→「何はしないで "それ"をするのか?」
　「何ではなくて "それ"なのか?」

「何より"それ"なのか？」
「何から"それ"になのか？」

「その特徴は何か？」
→「従来のものとの違いは何か？」

CHAPTER

1 When

2 Where

3 Who

4 Why

5 What

6 How

商品企画部の奈仁尾課長と数人のメンバーでランチミーティングを
している。そこでは、ある美容関連雑誌が行なった簡易調査の結果を
メンバーの坂本が共有している。

坂本「この調査によると、主に次の4つのことが昨今起きているということです」

・痩身（ダイエット）法関連の書籍が次々とベストセラーとなっている。

・投稿頻度の高い美容痩身系 YouTube が巷で盛り上がっている。

・多様な痩身系サプリメントや食品が、ドラッグストアや通販で売りに
出されては消えている。

・コミュニティ型フィットネスクラブの痩身体操に人気が集まり、定着
率も高くなっている。

奈仁尾「確かにこれらは私たちもよく見聞きしたり、感じたりしていますね。
他に気になることは書いてない？ 情報はこれだけ？」

坂本「正確に拾ったつもりです。雑誌に書いてあることはこんなもんですね」

メンバーA「う〜ん、情報が少なすぎますよね。まあ、言えることは、最近は人々
の痩身（ダイエット）への関心が総じて高まっている、ということくらい
でしょうね」

メンバーB「ダイエット、痩身関連のビジネスは伸びているってことですよね。
当社も痩身系の栄養補助食品（サプリメント）は複数出していますけど、
どうもあまり売れ行きがよくないですよね。どうしてなんでしょうね…」

メンバーC「あとは、世の中には多様な痩身法があって、人々は1つに絞らず
に複数の方法を並行して行なうようになってきている、ということも、こ
の情報群から言えるかもしれませんね」

メンバーD「他に言えそうなのは、現状は痩身法の決定打がないってことです
よね。特にサプリ系はなかなか長続きがしないということですかね。うち
の商品で言うと、他社と比べて価格も手頃、品質や効能、コールセンター
の対応だって決して引けをとらないのに、リピート率が他社より低いのは
問題ですよね」

奈仁尾「そうね。そこはもっとちゃんと考える必要があるわね。いずれにして
も、もう少し情報を集めてみないと、なんとも言えないかな…」

ランチタイムはもう終わりに近づいていた。

奈仁尾の問い・指示・指導・進め方などの問題点を考えてみましょう。

CHAPTER

1 When

2 Where

3 Who

4 Why

5 What

6 How

TECHNIQUE

15

仮説思考のクセづけ

「何が言えそう?」
「あなたの仮説は?」

☑ 表面的な事実整理や"実況中継"に終始しがちなメンバーには

　本章ではここまで主に、「What:何をするのか?」を考えて説明する際のポイントについて見てきました。この項では、「What:何が起きているのか?」にちなんだポイントを押さえます。

　ここでのキーワードは、「So What:だから何?」です。メンバーに、ただ「何が起きているか?」の状況を説明させるだけでなく、「だから何が言えるのか?」、その状況の"意味合い"までセットで解釈させるクセをつけることが、メンバーの思考を鍛え、当事者意識を高める上で重要です。情報探索コストが限りなくゼロに近い現在、ただ事実を集め、整理するだけの「実況中継型の仕事」ではほとんど価値を生み出せないのです。

　ちなみに、「So What:だから何?」のアウトプットのパターンは、大きく3つあります(この複合形もあり)。まずはこのパターンの違いを頭に入れておくことが、メンバーに適切なアドバイスをする上で有効です。

☑ 入手した情報からアクションにつながる仮説を作る

たとえば次のような情報「What:何が起きているか?」が入手でき、これらの情報から「So What:だから何?」を考えるとすると、どうなるでしょう。

情報「What:何が起きているか?」
・ライバルA社では、シニア女性が多く集まるカーブスなど会員制フィッ

トネスクラブと提携した、黒酢の高機能サプリメントの販売が好調である。

・ライバルB社では、昨今注目されている「食の安全」と「美味しさ」を訴求した国産の有機米と有機麦味噌の通信販売が主婦層（ファミリー層）に人気となっている。

・ライバルC社では、「ゆるベジ」＊の食習慣やネットワークを支援すべく、スーパーフード「キヌア」＊の調達と販売に力を入れ、特に若い女性層に対して売上を伸ばしている。

「So What：だから何が言えるのか？」
パターン①過度抽象化：ライバル各社、多様な製品で差別化を図っている。

パターン②整理・要約：ライバル各社、女性をターゲットにした、サプリメント、有機食材、スーパーフードといった、さまざまな商品により、売上を増やしている。

パターン③仮説思考：以下３つ

　→ライバル他社の販売動向からすると、「個人ではなくコミュニティで」健康を維持・増進する仕かけとなるような商品やプロモーションが今後有効なのではないか。（会員制フィットネス、家族、食文化ネットワークなどはいずれも「共同体」であり、こうした結びつきの中にいると、情報共有や健康意識の醸成、習慣化が触発されやすい？）

　→ライバル他社の販売動向からすると、古来の日常的健康食である「穀物への回帰（反作用）」が消費者の中で起こっており、ここに当社の強みを活かした次の一手の手がかりがあるだろう。（黒酢の原料は米、キヌアはキビ、アワと同じ雑穀である）

　→ライバル他社の販売動向からすると、いずれも女性をターゲットにした商材が伸びており、当社の強みを考慮し、拡大している女性市場を一層強化したほうがよいのか、それとも逆張りで男性市場をいち早く開拓するほうがよいのかを見極める必要がある。

＊ゆるベジ：ゆるいベジタリアン。厳格な菜食主義ではなく、野菜を食べることを楽しむライフスタイル。＊キヌア：雑穀の一種。外観はキビやアワなどと似ており、"穀物の母"と言われる南米原産のスーパーフード。

図表5-9 「So What：だから何が言えるのか？」の3パターン

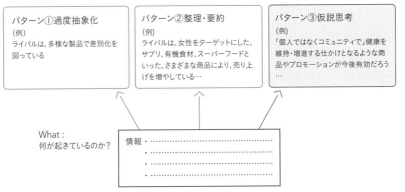

パターン①過度抽象化
（例）
ライバルは、多様な製品で差別化を図っている

パターン②整理・要約
（例）
ライバルは、女性をターゲットにした、サプリ、有機食材、スーパーフードといった、さまざまな商品により、売り上げを増やしている…

パターン③仮説思考
（例）
「個人ではなくコミュニティで」健康を維持・増進する仕かけとなるような商品やプロモーションが今後有効だろう…

What：
何が起きているのか？

情報・・・・・・・・・・・・・・・・・・・・・・・・・・・・・・
・・・・・・・・・・・・・・・・・・・・・・・・・・・・・・・・・・
・・・・・・・・・・・・・・・・・・・・・・・・・・・・・・・・・・
・・・・・・・・・・・・・・・・・・・・・・・・・・・・・・・・・・

　パターン①の「過度抽象化」は、本章の冒頭で取り扱った「ビッグワード」で、ただ丸めているに過ぎません。「差別化を図っている」という言葉は、中学生でもわかる言葉で言うと、「それぞれ違ったことをしている」と言っているだけで、ほとんど示唆がありません。"思考のアイコン"としては役立つかもしれませんが、ここまで抽象化してしまっては、判断やアクションにつながらないでしょう。

　パターン②は「整理・要約」。学校教育で「筆者の言いたいことを30字で示せ」のような問題文に慣れてきているということもあり、日本人は概してこれが得意です。もちろん、事実を事実として簡潔に整理して伝えるということが役立つ場面もありますが、いざしっかり考えなくてはならない場面で、こんな「実況中継」をしているだけでは不十分です。

　目指したいのは、パターン③の「仮説」思考です。「仮説」とは「仮の答え（結論）」です。より詳しく言うと、「限られた時間、限られた情報の中で考えられる、判断（意思決定）やアクションにつながるような、意味のある、仮の結論」です。

　左頁3つの仮説は先に提示された情報から「言えそうな解釈」の例ですが、これくらい具体的で、判断やアクションに結びつきそうな洞察メッセージを出すほうが、パターン①や②に比べて、断然、価値があるはずです。

CHAPTER

1 When

2 Where

3 Who

4 Why

5 What

6 How

もちろん、これらはあくまで「仮」であり、間違っている可能性も大いにあります。本当に成り立つかどうかは新たに情報を集め、検証する必要があるのは言うまでもないですが、ここまで言い切っていれば、集めるべき根拠情報はより明確に絞り込めますし、検証のスピードも上がるわけです。

　なお、検証の過程で最初に立てた仮説が間違っていそうであれば、思い切って却下なり、修正なり、新たな仮説を立て直すなりを柔軟に行なっていきます。決め打ちをしてそのままではないのです。その検証の段階で同時に、新たな仮説の芽が発見されることも多いのです。

　改めて、仮説思考がなぜ今の時代に不可欠なのか、そして、意味のある仮説とはどのようなものなのか、について、簡単に触れておきます。

▣ VUCAの時代、「仮説思考」はますます求められる

　VUCAの時代、ビジネスを取り巻く環境変化はますます速く、そして不透明になっています。昨年は有効だった打ち手が今年も有効とは限りません。次頁の図に示す「積み上げ思考」のように、あらゆる情報を時間をかけて収集し、100％確からしい結論を出してから施策を実行するというスピード感では、それを行なう頃にはすでに状況が変わってしまい、考えた打ち手が有効でなくなってしまうことが多いのです。

　そこでカギとなるのが、「仮説思考」です。問題解決や新規事業の推進、営業活動など、さまざまな場面でパワーとスピードを発揮する考え方です。

　今手元にある限られた情報、わかっている情報から、「たぶん、こういうことが言えるのではないか」「大方、ここに問題があるのではないか」「おそらく、これが最大の原因ではないか」「きっと、こういう打ち手が効くのではないか」と、判断やアクションに結びつく、意味のある「仮の結論」を先に作ってしまい、それが言えるために必要な情報（根拠）を「狙いうち」で取りにいく。

　このサイクルを繰り返しながら、仮説を修正し、より確かなアウト

プットに磨き上げていくというダイナミックなスタンスです。これは、CHAPTER1-2「プロトタイピング志向」でも触れたポイントにもつながります。

「仮説思考」は言い換えると、「"ロケットスタート"と"Quick & Dirty"の思考」と言えます。手元の（少ない）情報からでも、勢いよく、粗々の思い切った問題仮説・原因仮説・行動仮説を作ってしまう。そして、すばやく検証し、集めた新たな生情報から最初の仮説に無理があったら、どんどんその仮説を変えて（修正して）いく。それをさらに検証・試行していくというスタイルです。「走りながら考える、考えながら走る」、つまり、How（実行）と一体的な思考スタイルと言ってもよいでしょう。

このように、仮説思考のメリットは、「判断や意思決定のスピードが上がる」「ムダな情報収集作業が減る」ということにつながるわけです。

図表5-10 「積み上げ思考」と「仮説思考」のイメージ

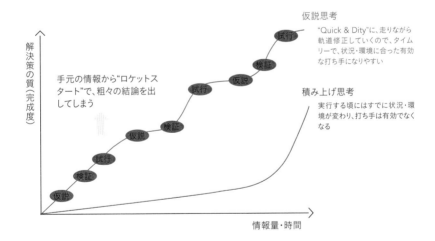

念のためにつけ加えますと、仮説思考はなにも社内の会議だけに求められるものではありません。たとえば営業活動でも不可欠です。できる営業マンは顧客訪問時に必ず「仮説」を用意して行きます。ただ丸腰で

CHAPTER

1 When

2 Where

3 Who

4 Why

5 What

6 How

は行きません。単なる「質問」だけの御用聞きではなく、用意したいくつかの仮説を顧客にぶつけ、ヒアリングによって顧客と一緒になって検証していきます。こうした営みによって、「あいつは、いろいろうるさいけれど、わが社のことをしっかり考えてくれているよな」と好印象を持たれることが多いのです。仮説が合っている、間違っているというのはたいしたことではないのです。

ゴダイチの解説 奈仁尾はどうすればよかったのか？

　冒頭のケースに戻ります。ここまでの解説を通し、押さえたいポイントはすでにおわかりかと思います。

　ランチミーティングでの意見交換は、全般に表面的な事実整理や"実況中継"的なトークに終始しており、情報不足を理由に一歩踏み込んだ議論ができていません。

　まず、メンバーの坂本の報告は「何が起きているか？」という調査結果の整理・要約に留まり、そこからの示唆を導き出せていません。ここで奈仁尾は、「情報はこれだけ？」と追加の情報を求めるのではなく、「その（少ない）情報から何が言えるのか？」「だから何なのか（意味合いは何か）？」、So What ？を促す問いかけ、思考を深めさせる働きかけをすべきです。もちろん、事実と解釈（意見）はしっかり分ける必要がありますが、事実情報をただ列挙させるのではなく、「あなたの仮説は何か？」まで考えさせなければ、育成につながりません。

　また、複数のメンバーが、「世の中には多様な痩身法があって、人々は１つに絞らずに複数の方法を並行して行なうようになってきている」「現状は痩身法の決定打がないってことですよね。特にサプリ系はなかなか長続きがしないということですかね」という調査報告を解釈していますが、これらの意見に対しても、奈仁尾は「だから何が言えそうなのか？」、So What ？を繰り返

し考えさせ、意味のある仮説までたどり着かせる導きをしてほしいところです。

　さらにメンバーから挙がった、「当社の痩身系の栄養補助食品（サプリメント）の売れ行きがよくないのはなぜか？」や「他社と比べて価格も手頃、品質や効能、コールセンターの対応だって決して引けをとらないのに、リピート率が他社より低いのは問題だ」という論点に対しても、もっと突っ込んだ議論を促すようなさばきをすべきです。改めて、坂本が整理した、

・痩身（ダイエット）法関連の書籍が次々とベストセラーとなっている。
・投稿頻度の高い美容痩身系 YouTube が巷で盛り上がっている。
・多様な痩身系サプリメントや食品が、ドラッグストアや通販で売りに出されては消えている。
・コミュニティ型フィットネスクラブの痩身体操に人気が集まり、定着率も高くなっている。

という 4 つの情報から何が言えそうか、So What ? を促す際、先述したパターン①の「抽象化」やパターン②の「整理・要約」のレベルで留めず、パターン③の「美健社（商品企画部）の意思決定やアクションにつながるような仮説思考」を促すことが重要です。メンバーからは既述のように、

・世の中には多様な痩身法があり、人々は 1 つに絞らずに複数の方法を並行して行なうようになってきているのだろう。
・現状は痩身法の決定打がない（流行り廃りがある。新しい痩身法に興味が移る）。特にサプリ系は長続き（リピート）させるのが難しいのだろう。

という解釈までは出てきていますが、「だから何？」をさらに掘り下げると、たとえば、

CHAPTER

1 When

2 Where

3 Who

4 Why

5 What

6 How

・コミュニティ型フィットネスクラブは一緒に励まし合って行なう環境があり、また、投稿頻度の高い美容痩身系YouTubeも個人で視聴はするものの「励まされてる感」を仲間と共有できることから、継続や定着がしやすいのに比べ、サプリメントのような、個人や家で取り組む痩身法は長続き（リピート）が難しく、成果につながらない人が多いのだろう。

　という仮説が考えられそうです。これをさらに自社に引き寄せて So What？すると、たとえば、

・顧客には、1人でではなく、仲間と一緒に（コミュニティで）摂取を続けられる環境を作ってあげることがポイントで、それにはたとえば以下のような方法が考えられるのではないか。
　　→フィットネスジムと協働し、痩身体操などと合わせて摂取すると効果が高まるような商品の開発やクロスセルのプロモーションが有効なのではないか。
　　→投稿頻度が高く、人気のある美容痩身系ユーチューバー（インフルエンサー）と協業し、広告宣伝を行なうことが有効なのではないか。
・継続利用率を上げることがサプリの成功要件であるにもかかわらず、他社と比べて価格も手頃、品質や効能、コールセンターの対応も優れているのに、リピート率が他社より低いというのは、消去法で考えると、「味」に問題があるのではないか。
・美容痩身系のサプリの中心ターゲットは、当社の中心顧客である中高年層より若い女性層であり、「不味くても効けばよい」という従来の価値観ではなく、「美味しくて長続きできれば、そこそこ効けばよい」という価値観になっているのではないか。その点を検証した上で、商品の改良やプロモーションの変更をする必要があるのではないか。

などの仮説が導き出せそうです。たとえ情報が限られていたとしても（だからこそ）、問いの発し方次第で、これくらいの思考の深掘りができるのです。当然、これらの仮説は検証（根拠集め）が必要であることは言うまでもありません。

マネジャーとして、限られた情報しかなくても、気軽にSo What？を言い合えるようなムード作りが求められます。「だから何？」という言葉がメンバーにややプレッシャーを感じさせてしまうようであれば、CHAPTER3-9「視座転換の働きかけ」でも触れましたが、「で？」「つまり？」「ということは？」という"促し言葉"に適宜変えてあげることも必要でしょう。

▷ 良い仮説を作るための頭の使い方

そして最後に、「良い仮説」を生み出すためのプロセスやポイントをいくつか紹介しておきます。少し長くなりますが、ぜひ参考にしてみてください。

ちなみに繰り返しになりますが、ここで言う「良い仮説」というのは「ビジネスを良い方向へ動かすような仮説」であり、「結果的に正しかった仮説」ではありません。当初の仮説は間違っていてもいいのです。取り上げている例の妥当性はさておき、考え方のイメージをつかんでください。

周囲にアンテナを張りめぐらす

いきなり、良い仮説を作ろうとしても、そう簡単にできるものではありません。日頃から自分や自社の周囲に対して、広くアンテナを張りめぐらせ、脳に「ヒラメキの土壌」を作っておくことが大切です。直接の顧客や競合といった近くにある事柄だけでなく、政治、法律、経済、社会（人々のライフスタイルや価値観、習俗習慣など）、要素技術などのマクロ環境や、異業界（特に代替品）の動向などに常に広く関心を持ち、

「小さな違和感」「小さな驚き」を大切にします。

　たとえば、あなたがケースの美健社と同じ美容健康食品業界にいるとして、異業界（美容健康促進業界）の「シニア女性をターゲットとしたフィットネスジムが最近とても流行っている」ことに「小さな驚き」を持つという経験です。

現地現物で観察・聴取する

　見つけた事象について、実際の現場を観察したり、実際の商品に触れたり、実際のサービスを五感で感じたりすることで、これまで机の上では見逃していたような事実が発見できることが多いものです。あるいは、現地現物が難しい場合でも、字面だけで考えるのではなく、さっと資料に当たってみる、詳しい人に聞いてみることによって、できるだけありありとイメージを描いてみるのでもよいです。

　たとえば、先のフィットネスジムの例で言うと、実際にそのジムを見学してみたり、そこの会員に聞いてみたり、ウェブで調べてみたりすることで、「小規模のワンフロア、簡易なマシン、女性専用、30分の簡易なストレッチメニュー、トレーナーと会員同士の近い関係性」などの事実がより具体的にわかるという状態です。

さまざまな視点を試し、「法則」を導く

　発見した事象や事実をさまざまな視点を持って“深く読み解く”ことに挑戦します。その際のポイントとして以下があります。前述のフィットネスジムの例で考えてみましょう。
→これまでの「当たり前」を疑ってみる
自分や自社が当たり前と思っている、業界の常識や前例、経験則、先入観などの「前提」を浮かび上がらせ、それに対し、疑問（問題意識）を持ってみます。

　フィットネスジムの例で言えば、これまでは平均1時間以上滞在、広いフロア、ヘビーなマシン、男女兼用、ストイックに1人黙々と鍛える、

というスタイルが「当たり前」だったが、そうでなくてもビジネスとして成立するんだな、という実感を持つ状態です。

→反対側の立場や対極方向から考えてみる

　たとえば、提供者ではなくて生活者・ユーザーの立場やライバルの立場で、一般社員ではなくてマネジャーや経営者の立場（視点）で事象をとらえてみる、また、考えを思いっきり反対側に振って脳に揺さぶりをかけてみるなどを試みます。

　フィットネスジムの例で言うと、顧客（会員）の立場で「どんな価値観で、どんな感情（思い）を持って、どんな関係性の中でフィットネスに取り組んでいるのか」、あるいは、ライバル（大手フィットネスクラブなど）の立場で「どのようにやっつけよう、模倣しようと考えているのか」などを想像してみます。

　また、「（従来の）フィットネスジムの対極にあるものは何だろう？」と自問する方法もあります。たとえば、「不健康になる居酒屋」「家で黙々とやる個人トレーニング」「（フィジカルではない）メンタルトレーニング」。こうしたものと比べると、フィットネスジムの本質的な効用やデメリットなどが考えやすくなります。「反対側の立場や対極方向から考えてみる」とは、こうしたことがさらにわかってくるという状態です。

→類似の事象を探し、共通項を探ってみる

　取り上げて考えている事象1つだけでなく、他にも類似の事象はないか、探索してみます。なんとなく近いな、似ているな、というぼんやりした感覚でかまいません。そしていくつか見つかったら、それらとの共通項を本格的に類推してみます。フィットネスジムの例で言えば、

・30分のワンフロア型ストレッチ専用ジムに入会する人が増えている

　という既知事実に加え、

・15分でできる、カーテンのないマッサージのお店がにぎわっている

・20分で終わる、明るい雰囲気のボディエステのお店は最近いつも満員である

　などの類似事象を見つけ、共通点や相違点を考えてみるということです。

CHAPTER

1 When

2 Where

3 Who

4 Why

5 What

6 How

→本質的な原因や目的を掘り下げてみる

　ここまでやってきたいくつかの思考実験を通し、複数の類似の事象に共通する概念は何かを掘り下げていきます。その際、「What：何が起きているか？」レベルの共通項ではなく、「Why：なぜそれが起きているのか？」レベルの、より本質的で、意味のある共通項＝「法則」を導き出すという姿勢が重要です。

　フィットネスの例ならば、類似事象の共通点として、単に、先述したパターン①のような「人々の美容健康への関心が高まっている」「ボディケアサービスが流行っている」という「ビッグワードでの抽象化」や、パターン②のような「10〜30分のフィットネス、マッサージ、エステの人気が高まっている」という類の「実況中継的な整理・要約」レベルで思考を止めてしまっては不十分です。

　たとえばですが、「手軽（短時間）にでき、気軽なコミュニケーションができる〝ボディケアサービス〟への関心が高まっている（ワンフロア、カーテンがない、明るい雰囲気）。〝ボディケア〟は楽しい仲間作りのためのツール、エンタメになってきているのではないか」など、人々の価値観やライフスタイルの変化をも包含するような「法則」を洞察しているという状態が理想的です。

自分（自社）に引き寄せて意味のある仮説を導く

　いろいろな視点から複数の事象を噛みしめ、深く読み解いてきた中で引き出した「法則」を、今度は自社に適用できないか、自社の商材や強みを活かして適用するとしたらどんなことが言えそうかを考え、アクションにつながる、意味のある仮説を導き出します。「So What：だから何？」を繰り返し問いかけるということです。

　フィットネスジムの例で言うと、「ボディケア」は、「ヘルスケア」の一翼を担う「美容健康食品業界」と隣接し、「体の調子を内外両面から整え、健康を増進させること」という共通項も多い。ということは、「より手軽で、気軽なコミュニケーションや仲間作りのためのツール、エン

タメになりつつある」というトレンドは、「わが業界、自社にも近い将来当てはまるのではないか」という洞察を引き出すわけです。

　さらに、たとえばですが、「だとすると、わが社の多様な美容健康食材・食品をメインに使った料理やドリンクレシピの投稿・検索や、家庭内在庫品（余剰食材）の相互融通など、仲間作り・コミュニティ作りにつながるスマホアプリ事業（クックパッドの健康食品版）が成立するのではないか」「ライバルも含め、複数の美容健康業界にいる企業とのコラボにより、大規模な会員型健康食品SPA事業や健康アミューズメント施設の運営事業、料理教室、レストラン、カフェ、居酒屋、旅行事業などが将来的には可能になるのではないか」などの仮説を導き出すことをねらうわけです。

　もちろん、これらはあくまで手元の限られた情報をベースに、簡易な思考実験を経て導いた「仮説（仮の結論）」であり、今後の検証が必要であることは言うまでもありません。ただ、新しい商材や事業を構想する際、多くの情報を一から時間をかけて収集し、100%確かな結論を出すという「積み上げ思考」と比べて、ずっと効率的でスピードが速いということをご理解いただければと思います。

　ここでは異業界の発見事象をベースに、自業界、自社に引き寄せて有益な仮説を引き出す思考プロセスの例を示しましたが、この頭の使い方は、同じ業界で起きている事象から仮説を導き出す際にも同様のものとなります（より単純になるはずです）。

　このようにメンバーには、単に「What：何が起きているか？」を実況中継させるのではなく、「So What：だから何が言えるのか？　だからどうなるのか？」、その"意味合い"や"アクションにつながる具体的な仮説"までセットで考える習慣をつけてもらうことが大切です。

CHAPTER

1 When

2 Where

3 Who

4 Why

5 What

6 How

⑮Whatの問いかけ 仮説思考のクセづけ

「情報はこれだけか？」「何が起きているのか？」
→「（情報が少なくても）だから何なのか？」「何が言えそうか？」
　「で？」
　「つまり？」
　「ということは？」

「○○について、情報をできる限り集めてきてくれないか？
→「現時点でのあなたの仮説は何か？」

How
「施策の判断基準・実行の難所」を問う

How　　どのように？

あなたを"達成"に向けた実際の行動に駆り立ててくれる。

─→ だからこそ、他の要素が熟すのを待ち、慎重に、そして具体的
　　に使うべし。

──────── ゴダイチ

　　　購買部課長の殿与（とのよ）とグループのリーダークラスが数名、会議室で打ち合わせを始めた。購買部は全社の原材料調達や OEM 製品の供給元との折衝などを担当している。

　相次ぐ新商品の投入や調達先の拡大の影響で業務量が増える中、ベテラン契約社員の契約が終わってしまい、部全体の残業（労働）時間が増加傾向にある。殿与は部長から早急に対策を考え、アクションを取るよう言われた。

殿与「どうするかだが、契約満了に伴い、やはり新たに契約社員を雇うことにしたい。すでに数社の派遣会社から申し出があり、5 名分の候補者の履歴書と職務経歴書がここに揃った。この中から 2 名に絞り、その後速やかに面接をして 1 名に最終決定したい。皆、意見を出してほしい」

と 5 名分の書類をメンバーに渡しながら伝えた。

メンバーA「私は V さんがいいと思います。調達関係の経験者はこの中にはいませんが、製造部門の経験者です。購買は製造とは関連が深いので土地勘がありそうですよね」

メンバーB「私は X さんを推しますね。元々はうちと同じ業界でメーカー出身者です。営業畑で、人と話すのが好きと自己アピールにも書いてあります。購買部門はサプライヤーや社内関連部門とのコミュニケーションが大事ですし、私たちの事務処理作業もいろいろ頼みやすいと思います。最年長ですけれど、前任の契約社員とも一番年齢は近いですしね」

殿与「経理系の仕事の経験もあり、Excel に強い Z さんって手もあるかな。他の案はある？」

メンバーC「私は Y さんに一票ですね。仕事を頼みやすいっていうことなら、年長者より若い人のほうがいいのでは？ それに営業とかコミュニケーションとか言っても、実際そんな仕事はお願いしないでしょうから」

メンバーA「Excel 使った原価計算を、契約の人にやってもらうことはほとんどないのでは？ 製造の土地勘のある V さんなら、仕入れやもの作りの大変さも理解しているでしょうし。持っている資格も多いから、仕事を覚えるのも早いと思いますよ」

メンバーB「これじゃあ、決まらないですよね。そもそも部の事務処理がメインなら、契約社員じゃなくてもよいかもしれませんし、残業削減なら他の方法があるかもしれません。ここは殿与さんに決めていただくのがいいかと…」

殿与「意見がいろいろ分かれたね。では、皆さんの意見を参考にして、とりあえず私が 2 人に絞り込もうと思う…」

　殿与は、なかなか決められない自分の不甲斐なさに、落ち込んでしまった。

殿与の問い・指示・指導・進め方などの問題点を考えてみましょう。

CHAPTER

1 When

2 Where

3 Who

4 Why

5 What

6 How

TECHNIQUE 16

判断基準の先行明確化

「他の施策は?」
「施策を選ぶ基準は?」

▷ 思い思いの意見の噴出を防ぎ、"決める"会議にするには

　5W1Hの最後6つめの要素は「How(どのように)」です。Howは「どのように(行なうか/なっているか)?」や「どの程度(行なうか/[に]なっているか)?」など、具体的な「手段・行動や程度」を表す概念です。人間の体で言うならば「足」。これまでの5Wがいくらわかった(決まった)としても、Howがなければ、結果に結びつきません。具体的な対策や行動を考える際、留意すべきことは、大きく以下2点です。

①目的を達成するための対策の"オプション(候補)"を複数考える
(決め打ちしない)
②対策のオプションを明確な"判断基準"をもって絞り込む
(広げっぱなしにしない)

　つまり、"広げて・絞る"というステップを経ることが、周囲の納得を得る上で大切です。順に見ていきましょう。

▷ 目的達成のための施策は、"オプション(候補)"を複数考える

　対策のオプションを洗い出すにはいくつか方法があります*。大切なことは、いきなり細かい打ち手を決め打ちしたり、ランダムに出したりするのではなく、施策候補は大きく場合分けして体系的に広げるということです。
　ちなみに冒頭のケースでは、「新しい契約社員の採用」についての議

---

*拙著『シンプルに結果を出す人の5W1H思考』では、解決策を効果的に考え出すためのテコとして、「5W1(2)Hのテンプレート」を使った複数要素の組み合わせによるリストアップの方法を載せています。併せてご参照ください。

論が交わされていますが、ここでの目的、言い換えると、部長の期待は、「購買部全体の残業時間（特に会議時間と事務処理作業時間）が増えているという問題を解決したい」ということです。殿与は「新しい契約社員の採用」の一点に決め打ちしてしまっていますが、確かにベテラン契約社員が辞めた影響はあるでしょうが、本来の目的に照らし合わせると、それだけではないはずです。

残業が増えている主要因の一つ、「事務処理作業の増加」に対応する施策として、事務処理手続きの簡素化や自動化、あるいは、契約社員ではなく派遣社員やアルバイト、正社員の異動により対応する方法など、「新しい契約社員の採用」以外にも打ち手のオプション（候補）はあるでしょう。

また、残業増加のもう一つの主要因、「会議時間の増加」に対する施策を考えてみると、たとえば次のようにオプションが広げられます。施策の内容はともかく、このようにツリー図などを使って、まずは体系的

図表6-1　施策オプションを広げる〜会議時間を減らすには

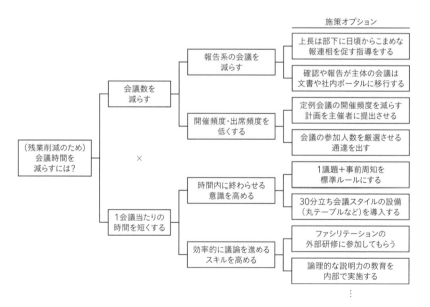

に解決オプションを広げてみることが大切です。「他の案も検討しましたよ」という過程を示すことが周囲の納得感を高めるのです。

　視野の狭いメンバーは、自分の考えたアクションを正当化するロジック（根拠）のみに目が行きがちです。自分が接した直接的な理由から、ある施策がよいと思い込んでしまうと、それに決め打ちして突っ走ってしまう傾向があるのです。そういうときにマネジャーは、「そもそも達成したいゴール（目的）は何だったか？　その目的を達成するための他の施策は検討したか？　本当にそのプランしかないのか？　他の施策と比べてなぜその打ち手がよいと言えるのか？」と、メンバーに“クールヘッド”で考えさせる姿勢が求められます。特に「他の案は検討した？」の一言でメンバーはハッとすることが多いものです。

▣施策のオプションを明確な“判断基準”で絞り込む

　さて、こうしてリストアップした解決策の候補は、限りある資源の点から、実際にはすべて行なうことは不可能です。そこで次に、状況に応じた「判断基準（評価軸）」を設けてオプションを絞り込み、実行する解決策を決定します。判断基準には、例として次のようなものがあります。

・効果（目的達成や問題原因解消のインパクトの大きさ）

・コスト（手間）

・実現可能性

・実現スピード

・自社の強みの活用度合い

・社内ルールとの適合度合い

・リスク（副作用）

　以上のようにさまざまありますが、置かれている状況によって、これ以外の判断基準が必要になる場合もありますし、基準の優先度や制約条件が違ってくる場合もあります。たとえば、「社会的な印象度」や「安全性」といった要素を加えたほうがよいかもしれませんし、「実現（効果が出る）までのスピード」を優先する場合もあれば、使う「コスト（工数）」

CHAPTER

1 When

2 Where

3 Who

4 Why

5 What

6 How

に制約がある場合もあるでしょう。そうしたことを考慮して、判断基準の選択や加重を決めていきます。「なんとなく」「経験則で」選ぶのではなく、基準を明確に言語化することが大切なのです。

　既述の「会議時間削減の対策オプション」について、判断基準を明確にし、総合点によって優先的に行なうべき解決策を絞り込むとすると、たとえば次のようになります。

　ここでの判断基準は、左から「効果」「実現可能性」「実現スピード」「コスト（手間）」の４つと決めました。評価は主観的になりがちなので、「できるだけ定量的に評価すること」「判断基準と評価（選択）を関係者と共有するプロセスを持つこと」が重要です。特に後者は周囲への納得感を高める上でキーとなります。

　たとえば、「効果がある」とは、実際にどういう状態になり、どう目的につながることを言うのか、「実現スピードが速い」とは、着手するまでの時間を指すのか、それとも効果が出るまでの時間を指すのかなど、それぞれの基準の意味を関係者間で明らかにします。その上で、各施策案がどれくらいそれらの基準を満たすのかを冷静（客観的）にチェックしていくのです。

　冒頭のケースで、議論が紛糾し、採用する候補者を決められなかったのも、その状況に即した判断基準が明確になっていなかったこと、それを最初に決めるプロセスがなかったことが影響していると言えます。マネジャーは、「何を選ぶか？」の前に、「どんな基準で判断するか？」を明らかにすべきなのです。

　またこの例のように、応急処置としてすぐに手がつけられ、効果が得られそうな「短期施策」と、実現に時間はかかるが、根本的解決につながり、持続性が期待できる「長期施策」の両方を行なうことを検討するとよいです。

　さらに、コストや手間が許せば、"合わせ技"で他の解決策も実施することが可能でしょう。この例の場合、オプション間の総合点は僅差になりますが、こうして数値化することにより、評価の妥当性をより客観

図表6-2　施策オプションを絞り込む〜会議時間を減らすには？

施策オプション	判断基準(評価軸)				評価	
	実現したら効果は高いか？	実現(徹底)可能性は高いか？	実現(浸透)までの時間は短いか？	実現(浸透)までの費用(手間)は低いか？	(総合点)	(選択)
上長は部下に日頃からこまめな報連相を促す指導をする	○	△	△	○	6点	
確認や報告が主体の会議は文書や社内ポータルに移行する	◎	△	△	○	7点	短期施策
定例会議の開催頻度を減らす計画を主催者に提出させる	△	△	△	○	6点	
会議の参加人数を厳選させる通達を出す	○	○	○	○	8点	短期施策
1議題+事前周知を標準ルールにする	△	△	△	△	5点	
30分立ち会議スタイルの設備（丸テーブルなど）を導入する	◎	△	△	△	6点	
ファシリテーションの外部研修に参加してもらう	◎	○	○	×	6点	長期施策
論理的な説明力の教育を内部で実施する	◎	△	×	△	5点	

◎:3点　○:2点　△:1点　×:0点

的に比較することができますし、どの判断基準をより優先すべきか、劣後すべきかなどを議論する土台にもなります。

　そして、ここまでくれば、あとは具体的な実行計画を作るのみです。もちろんその場合も5W1Hを使って、より詳細な行動プランに落とし込んでいけばスムーズです。

ゴダイチの解説　殿与はどうすればよかったのか？

　では改めて、冒頭のケースを簡単に見てみましょう。マネジャーとしての殿与の言動には大きく2つ問題があります。
　1つめは、前述のように、ここで考えるべき本来の目的、つまり部長の期待は「購買部全体の残業時間が増えているという問題を解決したい」ということです。これに対して、殿与自らが対策候補を広げることなしに、「新しい契約社員の採用」という施策に決め打ちしてしまっている点です。

CHAPTER

1 When

2 Where

3 Who

4 Why

5 What

6 How

残業が増加している原因が、主に会議時間と事務処理時間の増加にあるなら、それらを解消する打ち手の候補をまずは広げた上で、その中で「新しい契約社員の採用」がやはり最も優先すべきアクションであることを示すべきです。つまり、「そもそも達成したいゴール（目的）は何だったか？」「その目的を達成するための他の施策はないのか（検討したか）？」を自ら問うべきです。

　2つめは、まさにこのケースの議論の中心になっているテーマ、「新しい契約社員の採用」についてです。仮にこの方針でいくとして、より具体的な打ち手である候補者の絞り込みを行なう過程で、選択の判断基準を最初に明確にしていない（決めていない）がために、メンバーを思い思いの意見出しに終始させてしまい、結論が出せていない点です。議論の最後のほうでメンバーBがまさに指摘し、殿与自身も自覚しているようにです。殿与は意見交換の途中で、「他の案はある？」と意見を広げようとしていますが、これでは議論が一層分散してしまうだけです。

　私たちは具体的な施策（アクション）を決める際、まさにケースのメンバーのように、「何を選ぶか？／それはなぜか？」と個別の判断や意見を出しがちです。しかしたいていの場合、こっちがよい、そっちをやるべき、と自分の主張にこだわる「水かけ論」になってしまいます。

　そうならないためには、議論の早い段階で、「どんな基準で判断するか？」「どのように決めるべきか？」、判断基準を明確にすることがポイントです。先行きが不透明、不安定、そして変化の激しい時代は「予測の価値」、つまり「正解を探る意義」がどんどん減耗していきます。「正解を当てる力」ではなく、「納得解を作り出す力」が求められるのです。

　絶対解としてのHow（施策やアクション）などもはや存在しません。大事なことは、それをどのように意味づけるかということです。そのためには、状況に応じた「判断基準（意味づけ

の尺度）」をマネジャーが率先して打ち立てていくことが重要になってくるのです。

　ちなみに、ケースの「新しい契約社員の採用」を検討するのなら、購買部の残業増加という問題に照らし合わせて、契約社員にどんな役割（仕事内容）を担ってもらうかを考えるべきです。退職した契約社員にやってもらっていた仕事内容とは一旦切り離して、ゼロベースで設定する必要があるかもしれません。

　その上で、たとえば、「社内外の関係者と良好な関係を保つコミュニケーション（聞く、話す、書く）力はあるか」「原価計算のサポートができるくらい、数字を扱う経験があり、表計算ソフトも使えるか」「調達業務に致命的な凡ミスをしない注意力はあるか」「手配や発注系の事務処理端末を使いこなした経験やスキルはあるか」など、採用条件（判断基準）を明確にします。

　そのあとようやく、各候補者はそれらの条件をどの程度満たしそうか、まずは手元の書類から判断し（仮説を立て）、絞り込むような意見交換を殿与は促すことが必要だったということです。

CHAPTER

1　When

2　Where

3　Who

4　Why

5　What

6　How

---

⑯Howの問いかけ　"判断基準"の先行明確化

────────────────────────────

「なぜその施策をやるのか？」

→「目的を達成するための他の施策は検討したか（他にどんな手段があるか）？」

　「他の施策と比べてなぜその施策がよいと言えるのか？」

「何を選ぶか？」

→「（議論の早い段階で）どんな基準で判断するか？」

　「どのように（どんな手順で）決めるべきか？」

購買部では課長の殿与がメンバーの吉野に対し、仕事の指示をして
いる。昨今では調達先のグローバル化、商品の多様化、安全品質基準
の厳格化などの影響で、調達業務も全般に忙しさが増している。殿与も多く
の仕事を抱えて忙しい中、その合間を縫って吉野をミーティングルームに呼
び出したのだ。吉野は入社以来ずっと購買部に所属し、今期が4年目である。

殿与「聞き及んでいると思うけれど、現在、わが部では主要商品原料の調達先
　の見直しを行なっている。その一環で、E製品の原料Aの仕入先を新たに
　選ぶ仕事を君にお願いしたい。忙しいとは思うけれど、頼めるかな？」

吉野「わかりました。仕事の内容を教えていただければ…」

殿与「ありがとう。ここに隣の探索グループが探してくれた原料Aの調達先
　候補のリストがある。このリストにコンタクトして、10日後の○日までに
　有力候補を絞り、報告書のラフ案をまとめてほしい」

　殿与は、吉野にリストや他の書類を渡しながら、業務内容を5W1Hに沿っ
てまとめたペーパー1枚（以下）をさっと読み伝えた。

【Why】なぜ、調達先を新たに選ぶのか？…新安全品質基準に適合する
商品に改良するため。

【What】どんな業務を行なうのか？…新安全品質基準に加え（要エビデ
ンス）、値段、ロット数、納期、納入形態、技術サービス等当社の取引
条件に合う新たな仕入先の候補を3社に絞り込む。部長に報告するため
の結果報告書のたたき台（様式自由）を作成する。

【Who】どの企業の誰にコンタクトするのか？…リスト掲載の企業30
社の営業担当者に。

【When】いつまでに調達候補を絞るのか？…10日後の○日中に。

【Where】どこで業務を行なうのか？…オフィスの電話か社用携帯電話
で候補先にコンタクトし、有力先には来社か訪問により直接折衝する。

【How】具体的にどのように進めるのか？…別添の「当社の詳細取引条
件（スペック）」と「折衝内容のサンプル」を参考に、通常業務とうま
くバランスを取りながら進める。

殿与「どう、何か質問ある？」

吉野「いえ、今の時点では思い浮かびません…」

殿与「わからないことや聞きたいことがあったら相談してね。では、よろしく」

　吉野はやや不安げな表情だったが、殿与は次の会議のため、先に席を立った。

　殿与の問い・指示・指導・進め方などの問題点を考えてみましょう。

難所の共有化

「どこでつまずきそう?」
「難しそうなところは?」

CHAPTER

1 When

2 Where

3 Who

4 Why

5 What

6 How

▷ メンバーに仕事を任せ、その成果を最大化するには

ある決まった施策（プラン）を部下に遂行してもらうということを考えてみます。

近年では、マネジャーの大半が、1人のプレーヤーとして業績を上げることと、チームをまとめ、部下の育成をすることの両方を担うプレイングマネジャーです。働き方改革の影響もあり、マネジャーは多忙を極める中、いかに効率的にメンバーに仕事を「任せる（権限委譲する）」かがキーとなってきます。

こうした場面でよく起こるのが「丸投げ問題」です。マネジャー本人は決して仕事を「丸投げ」したつもりはない、「丸投げ」したくはないけれど、メンバーの立場からすると、結果的に「丸投げ」になってしまう。このギャップが生まれるメカニズムを理解することがポイントです。

▷「任せる」と「丸投げする」はどこがどう違うのか

ちなみに、「任せる」と「丸投げする」の違いは何でしょうか? これを、業務の開始から終了まで、動機（目的）、初動、過程、終了の4つの局面において比較すると、概ね、以下のようになります。

・仕事を振る主な動機（目的）:「任せる」はあくまで、1つ上のレベルの経験を積んでもらうことによる「部下の成長や成果の向上」が念頭にあるのに対し、「丸投げ」は「上司の多忙さからの解放」が主たる動機になっている。

・仕事を振る際の初動：「任せる」は仕事の目的や意義、仕事内容を部下が納得するように真摯に伝えることに加え、「上司の責任」やフォロー体制、ホウレンソウ（報告・連絡・相談）のタイミング（日程）なども最初に握り、部下の不安を和らげ、意欲や"協働感"を高めている状態なのに対し、「丸投げ」はそうした初動が中途半端（指示が曖昧）なことにより、部下の納得形成が不十分な状態のまま、始まってしまっている。

・仕事の過程でのフォロー：「任せる」は初動で決めたタイミングで、上司自らが適度にフォローし、部下は"見守られている感"の中で業務に取り組んでいる状態なのに対し、「丸投げ」は"放置"か"気まぐれフォロー"になっており、かえって部下にプレッシャーと不安を与えてしまっている。

・仕事の終了時の総括と責任の引き受け：「任せる」は初動で伝えた「上司が結果責任を取る」という前提のもと、仕事の終了後に「プロセス」と「結果（成果）」を両者で振り返り、お互いの今後の成長に向けた総括をしているのに対し、「丸投げ」は仕事の総括をしっかり行なうことなく、終息させてしまっている。

▣「丸投げ」が起こるメカニズムとは？

　ここまでで、「任せる」と「丸投げ」の違いが整理できたところで、既述の「丸投げ問題」が起こるメカニズムを見てみましょう。

　上司も「丸投げ」したくはないけれど、あるいは、「丸投げ」したつもりはないけれど、部下に仕事を適切に「任す（振る）」ことができず、メンバーの立場から見ると、「丸投げ」になってしまう。ここにはたとえば、次の図で示すような「悪循環」が存在していることが多いものです。

　左側の「上司の世界」は、部下に任せても成果がなかなか出ないので、プレイングマネジャーのサガから、結局自分でやってしまう。それが自分自身の多忙さを助長し、ついに限界になって部下に一部を振ろうとす

図表6-3　部下が「丸投げされている」と感じるメカニズム(悪循環)

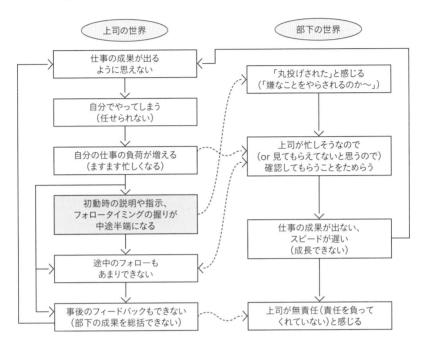

るが、時間に追われる中、その任せ方が中途半端で(冒頭ケースのように)、初動、中間フォロー、最後の総括というすべてのフェーズにおいて「丸投げ(やらせっぱなし)」という状況になってしまう。

　初動の握りが悪かったと反省はすれど、すでに取り返しはつかず、成り行きに任せてしまうしかない状態。結局、任せた部下の仕事の成果も不十分、スピードも遅いので、ますます部下に任せられない、というバッドサイクルが回ってしまうわけです。上司としては、任せる仕事の経験を通し、部下を1レイヤー上へと成長を促したいところですが、育成も委譲も中途半端になってしまうのです。

　一方、右側の「部下の世界」は、仕事を振られても、その初動時点で、上司は多忙ということもあり、納得のいく仕事の目的や意欲の高まるような意義、具体的な仕事の内容の説明がなく、不安の中で新しい仕事を

CHAPTER

1 When

2 Where

3 Who

4 Why

5 What

6 How

任されることになってしまいます。「やらされ感」満載の中、上司は相変わらず忙しく、"放置" に近い状態のため、結局自分だけで右往左往し、たいした成果も出さずに仕事はなんとなく終わってしまうのです。

　次につなげる総括（PDCA の Check-Action）も特にないため、上司の無責任さを感じざるを得ず、「丸投げされた」という印象はぬぐえない。次の仕事もこんな感じで振られるのか…という、ネガティブな感情のしこりは、悪循環を助長していくことになります。

▣「難所」＝「上司の介入ポイント」を初動で握る

「任せる」と「丸投げする」の違い、及び、「丸投げ問題」が起こるメカニズムを見てみると、「仕事を振る際の初動」が、「任せる」になるか、「丸投げする」になるか、を大きく左右することがわかると思います。「初動での握り」が「任せる」上でのカギとなるのです。

　ある施策を部下に遂行してもらう、つまり仕事を任せる際、この初動を効果的に行なうポイントがあります。それは、その仕事の遂行プロセスにおける「上司の介入ポイント」を明らかにすることです。上司が任せる仕事の過程において、部下がどこでつまずきそうか、どこで挫折しそうか、「難所」を予め想定しておくことが、その後のフォローを含め、仕事を成功に導く上でのキーとなります。

「難所」＝「上司の介入ポイント」を予見するには、当然、任せる部下に対し、仕事の目的や意義を含め、仕事の内容（権限の委譲範囲）や進め方を具体的に説明する必要があります。その上で、部下に仕事の内容や進め方を「復唱」してもらうなどして、部下の理解度を確認します。

　理解度を確認するための効果的な質問は、「どこでつまずきそうか？／どこが難しそうか？」と、「難所（障害ポイント）」まで考えさせる（当たりをつけさせる）ものです。ただ「質問は？」「不安な点、不明な点は？」という漠然とした問いかけより、部下はより当事者意識、現場感を持って、仕事の段取りを具体的に考えざるを得なくなり、有効なのです。

　ちなみに、この難所が実際に当たっているかどうかはそれほど重要で

図表6-4 部下が「任されている」と感じるメカニズム（好循環）

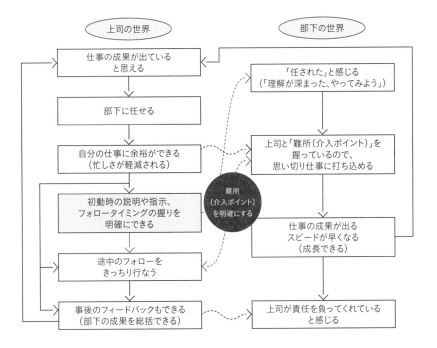

はありません。しかし、この問いによって、部下は思考が深まると同時に、仕事の心構えができますし、何より上司のほうが「責任持って介入するポイントやタイミング」を想定し、中間フォローをきっちり行なうことを示す「約束」になるはずです。さらにそれは、「丸投げ」の抑止力、仕事のリスクや困難を乗り越え、成果を上げるための推進力につながるはずです。

　上の図のように、初動の時点で、「難所」＝「介入ポイント」を両者で考え、握っておくという「ちょっとしたこと」で、部下への仕事の委譲が進み、部下が成長することで、上司にも余裕が出てくるという好循環が期待できます。コロナ禍でマネジャーと部下が離れて仕事をすることが多い昨今、いわゆる「リモート・マネジメント」を行なう上でも、重要なスタンスと言えるでしょう。

CHAPTER

1 When

2 Where

3 Who

4 Why

5 What

6 How

　では改めて、冒頭のケースを見てみましょう。「E製品の原料Aの仕入先を新たに選ぶ」という施策プランの実行（How）段階で、課長の殿与は若手社員の吉野に業務を任せる、"初動の握り"のシーンです。前述の内容に照らし合わせると、殿与の言動には良い点、要改善点両方あります。まず良い点としては、

・冒頭に「頼めるかな？」と一応、相手の意思を確認している点。

　いかなる部下に対しても、任せるときには「どう、できそうかな？」など、相手の意向を聞いて反応を引き出すことで、「自分事感」を持ってもらえます。

・仕事の内容を5W1Hで（何のために、誰に、どこで、いつまでに、何を、どのように…）、具体的に説明した上で、それを口頭だけではなく、メモの形（文書）で相手に渡している点。

　文書にすることで、上司のていねいさが伝わりますし、あとで言った言わないの食い違いを防げます。任されたほうも内容をあとから確認できるので安心です。依頼事項は「形で演出する」ことも大切です。

　次に要改善点です。こちらのほうが多いと言えます。

・仕事の直接的な目的や内容は伝えているものの、なぜ吉野にこの仕事を頼むのか、この仕事を通じて吉野にどうなってほしいか、どういう能力を高めてほしいか、といった「仕事の意義（Why）」が伝えられていない点。

メンバーからすると、この仕事から何が得られるか、自身の成長にどうつながるかという点が曖昧だと、意欲が低下してしまいます（特に、昨今の若手はこれを強く求める傾向があります）。

・特に対話の後半部分で、仕事を任せる上での“初動の握り”が不十分なため、メンバーの不安を払拭し、“協働感”を高めることができていない点。

　これでは結局、上長の多忙さを緩和するためだけに「丸投げされた」という印象を、部下は拭いきれません。前述の「悪循環」から抜け出すことができないでしょう。

　殿世は仕事内容の説明のあと、「どう、何か質問ある？」とだけ聞いています。これだけで何か返ってくることはまれです。経験の少ない若手に任せる場合、「今感じていることは何？」「不安な点、不明な点はある？」と聞いたとしても返ってこないこともあります。仕事のイメージが湧いていないことが多いのです。

　そこで、仕事の内容や進め方を「復唱」してもらい、頭の中で全体プロセスをシミュレーションしてもらいます。その上で、「どこが難しそうか？」「どこでつまずきそうか？」「どこにリスクがありそうか？」などを問いかけ、動画イメージで「難所（障害ポイント）」まで考えてもらう（当たりをつけてもらう）ことが、部下の理解を促し、動機づけに効果的です。

　メンバーと一緒になっていねいに「介入ポイント」を共有することにより、フォローを自分のほうから計画的に行なう責任をマネジャーが自らに課すのです。初動の時点で、フォロー（進捗のホウレンソウと支援）の予定を決めてしまう（予めスケジュールに入れてしまう）ということです。

　ちなみにこの業務における「難所」は、例として以下のよう

CHAPTER

1 When

2 Where

3 Who

4 Why

5 What

6 How

に複数考えられます。

・調達先候補の品質のエビデンスや取引条件の入手に時間がかかりそう。
・有力候補との面談で当方に有利な条件になるような交渉をすることが難しそう。
・有力候補を絞り込む判断基準の設定や優先順位づけが難しそう。
・部長への報告書に記述する項目の選択が難しそう。

　このように予見しておけば、上司も前もって対策を想定しておくことができるわけです。

「わからないことや聞きたいことがあったら（その都度）相談してね」では失格。初動時のコミュニケーションで手を抜かないことが、自分の負担を減らし、部下を成長させる好循環の起点となることを強く認識したいものです。

▷「待つこと」もマネジャーの仕事のうち

　つけ加えると、マネジャーは、フォローはしっかりやるにしても、簡単に「答えは教えない」という姿勢が大切です。

　仕事の初動ではていねいに伝えても、それ以降は、過度の「マイクロマネジメント」はせず、あくまで部下が「自分で考え、自分で判断する」という自律的なスタンスを尊重したいものです。「つい細かいことに口出しして教えたくなる」「自分でやってしまいたくなる」のをじっと我慢し、部下自身に決めさせるのです。

「自分が考えて、決めた」という感覚を「自己決定感」と言います。これは米国の心理学者、エドワード・デシとリチャード・ライアンが創始し、研究されてきた理論ですが、この感覚が強いほど、「内発的動機」が湧き、自律性、主体性が高まることが学術的に証明されています。

星野リゾートの代表、星野佳路社長は、部下から相談を受けた際、最後は「で、どうしますか？」とその社員に必ず決めさせるそうです。主体的に判断するクセがついていると、失敗したときでも、環境や他人のせいにせず、「なぜうまくいかなかったのだろう？　どうしたらよかったのだろう？」と、自分に矢を向けて考えるスタンスが取れるのだそうです。

　また、多くのイノベーションを実現してきた米国の化学メーカーの3Mでは、"The captain bites his tongue until it bleeds（船長は血が出るまで舌を噛む）"という教訓が語り伝えられています。元々は米国海軍が発祥と言われるこの言葉は、「経験の少ない部下はなかなか思うように舵が切れないので、船長はつい口を出して教えたくなる。しかしここで教えたのでは部下のためにならない。舌が噛み切れるほど、ぐっと我慢して、自ら考えさせ、自ら体験させるのだ」ということです。

　操舵法を習得するには、「許容の範囲で」失敗させながら学ばせるのが近道だと言うのです。

---

⑰Howの問いかけ　難所の共有化

「その施策（プラン）を行なう上で、質問はあるか？」

「行なうにあたって、不安な点／不明な点はあるか？」

　→「その施策（プラン）を行なう上で、どこでつまずきそうか？　どこが難しそうか？」

CHAPTER

1 When

2 Where

3 Who

4 Why

5 What

6 How

美健社では、各部門全体の目標、課（グループ）ごとの目標、そして、メンバー個人の目標がそれぞれ整合する形で設定される。全社員は年度の初めに、上長と相談しながら個人目標を立て、そこで握った目標を年間通して実行する。それを4半期に1度、達成状況を振り返るとともに、次の4半期に向けた行動計画を立て直していく。

個人目標は、成果に直結する「業務目標」と、業務に良い影響をもたらす「研鑽目標」の2つから構成され、前者の「業務目標」はさることながら、中長期的な能力アップや意欲向上などにつながる、後者の「研鑽目標」の達成も重視されている。なお、「研鑽目標」は個人の自発的設定が優先される。

会議室では、購買部の一つのグループを率いる課長の殿与が、メンバーの渡井と新年度に向けた目標を設定している。「業務目標」のほうは、各メンバーが担当する原材料に関し、調達業務で重要な"QCD（品質、コスト、納期）"に基づく「受入不良率」「原価低減率」、そして「納期順守率」の数値目標とそれに対する対策やアクションが設定される。

次に「研鑽目標」に話が移り、渡井が考えてきた項目は次の3つだった。

> ・仕事の効率を高めるべく、身の回りを常に整頓する
> ・調達業務に必要な原価の知識を身につける
> ・製造部門の人たちと良好な人間関係を築く

渡井「ということで、簡単そうに見えるものもあるかもしれませんが、私にとってはどれも結構チャレンジングなんです」

殿与「項目は、どれもいろいろな手段が考えられそうだから、これでいいのではないかな」

渡井「はい。殿与さんもご存じのように、私は継続することに課題を抱えています。ほとんど長続きせず、達成できないことが多いんです。どうしたら目標に向けてやり抜くことができますかね？」

殿与「まあ、仕事やこうした研鑽は概して、我慢してやるべきことが多くて、楽しいものじゃないから、"やり抜く"には、それぞれについて、高い行動目標を掲げて、強い精神力を持って自分にむち打つしかないよね。それと、ほら、"望めばできる、手に入る"という"引き寄せの法則"ってあるでしょ。とにかく、心の中では"たやすく打ち勝てる"って楽観的にとらえていることが大切だと思うよ。とにかく、どれもやり抜いてほしい」

渡井「やっぱりそうですかね…」

殿与の問い・指示・指導・進め方などの問題点を考えてみましょう。

18 "手ざわり感"のある行動目標化

「手でさわれるくらい"具体的"?」
「楽に始められそう?」

CHAPTER

1 When

2 Where

3 Who

4 Why

5 What

6 How

▣ 目標達成に向け、メンバーにやり抜いてもらうには

「How:どのように」の最後のテーマは「やり抜く」です。目標や計画は実行されなければ意味がありません。実行に移されたとしても、それが長続きしなければ成果を出せません。マネジャーであれば、業務にせよ、能力開発にせよ、目標達成に向けてメンバーにやり抜いてもらう、継続してもらうことが重要なのです。

「雨垂れ石を穿つ」という諺がある通り、たとえ小さな行動であっても、コツコツと続けることこそが成功への近道であることが多いものです。ところがこの「やり抜く」「継続してもらう」ことが難しいことは私たちも経験上わかっています。以下、大きく3つ、目標達成に向けて「やり抜く」ためのポイントを押さえていきます。

① 行動目標に"手ざわり感"を与える

1つめのポイントは、目標をただ"具体的に"定めるだけでなく、"手ざわり感"のある行動目標に落とし込むということです。

これまでの多くの研究結果からわかっている事実として、目標を達成するには、その目標に"具体性を与える"と、実行できる確率は **2～3** 倍も高くなるということです。ただ、この"具体性"のレベルが問題なのです。

ただ「やせる」ではなく、「3ヵ月で5kgやせる」

たとえば、「やせたい」として、ただ「やせる」ではなく、いつまで

に（When）、どれくらい（How much）やせるのかをできるだけ定量的に、「3ヵ月後までに、5kgやせる」というように目標（達成基準）を立てます。期限とありたい姿（ゴールイメージ）を明確にすることで、意欲のベースが作れます。加えて、そこに到達するまでのステップを刻みます。1ヵ月後までに2kg、2ヵ月後までにもう2kg、そして最後の1ヵ月で1kg落とす、というようにマイルストーンを決めます。

　でもこれだけでは不十分。スケジュール化し、定量的にしただけで済ませるのではなく、もっと具体的で、実際に手でさわれるような、行なっているイメージがありありと浮かぶような行動目標に落とし込むことが重要です。

　ここでさらに、運動量や食事量に適用しやすいエネルギー（カロリー）の単位に換算すると、脂肪1kgを消費するには約7,200kcalなので、1ヵ月に2kg減らすとなると14,400kcal、1日当たり480kcalの削減が必要になります（14,400kcal÷30日）。

　そして1日480kcal減らすためには、体重60kgの人で、1時間弱（53分）のランニングに相当します（1km 7分の速度でのランニングの消費エネルギーは30分で270kcal、480kcal÷270kcal×30分≒53分）。

　したがって、行動目標として、「毎日、自分がやれそうな、朝夜30分ずつのランニングを行なう」というように、より"手ざわり感"の持てる、具体的なアクションに落とし込むのです。

　もちろん行動目標は、自分がより実行しやすい「食事量制限」との合わせ技でもよいでしょう。たとえばこれまで自分がショートケーキを1切れ（約366kcal）必ず食べることを日課にしていたならば、「ショートケーキをこれまでの半分だけ食べて、夜30分強ランニングする」なんていう組み合わせも考えられそうです。

　このように、ただ「やせる」より「3ヵ月後までに、5kgやせる」、さらに「1日当たり480kcalを減らす運動をする」、そしてさらに「毎日、朝夜30分ずつのランニングを行なう」というように、漠然とした目標を、

"手ざわり感"のある行動目標に落とし込むと、断然、実行に向けての
はずみ車が回りやすくなりますし、果たしてこれが継続できそうかどう
かを判断する上での基準にもなります。

「来年は10％売上アップ」より「1日1人当たりお客様を2名増」

　今度はビジネスの例です。あなたが靴下専門チェーン店を営んでいる
とします。関東圏に40店舗を擁し、社員・アルバイト合わせて200人
を抱え、品揃えは1足300円、500円、700円の3プライス制です。今
年度の全社の売上は12億円ですが、来年度は10％の売上成長を達成
したいとします。

　このとき、皆に「来年度は、今年度の10％アップ、1.2億円の売上
増加を目指そう」と伝えても、彼らはあまりピンとこないでしょう。な
ぜならば、従業員1人ひとりからすると、この数字が"遠すぎる"か
らです。「月々1,000万円、さらに1店舗当たりでは月に25万円の売
上増加が必要だ」と具体性を与えて伝えれば、ずっと現場実感が湧いて
くるはずです。

　でもこれでもまだまだ。もっと掘り下げて、「1店舗1日当たり1万
円、つまり、500円の靴下なら20足分、従業員1人当たりなら4足分、
お客様1人当たり1回に2足買うとするなら10人分、従業員1人当た
りお客様2人分をさらに増やす工夫をしよう」。マネジャーであれば、
これくらい、身近に感じられる現場イメージや数字に落とし込んだメッ
セージにすると、メンバーの行動を駆り立てる動機づけになるはずです。

　無味乾燥で"遠い"数字を、感情を動かす"身近な"メッセージに変
換する、この一手間が決定的な行動促進の違いを生むのです。同様に、
メンバーの目標設定についても、「それは"手でさわれるくらい"身近で、
具体的な行動（目標）に落とし込まれているか？」を問いかけてあげる
ことが、やり抜いてもらう上で重要です。

　"手ざわり感"のある行動目標に落とし込む際のコツ（手順）は以下3

CHAPTER

1 When

2 Where

3 Who

4 Why

5 What

6 How

つあります。

コツ①より小さくてわかりやすい「単位」に刻む

　既述の靴下専門チェーンの売上のように、目標を、「金額・数量」ならば「率」にも変換する、「率」ならば「金額・数量」にも変換するなど、両面で定量化することや、それを「1ヵ月」ごとにスケジュール化することは大事ですが、それだけで済ませるのではなく、もう一歩踏み込み、より小さな「単位（尺度）」に落とし込むことがポイントです。たとえば、「1日当たり」「1時間当たり」「1店当たり」「従業員1人当たり」などです。あるいは、「自社商材の数量に換算すると」「顧客数に換算すると」「社員の給料に換算すると」、あるいは「高さを富士山に換算すると」「広さを東京ドームに換算すると」など、より〝身近に感じられる（親しみやすい）数字〟に変換して示します。

コツ②自分事に感じられる「習慣行動」に当てはめる

　小さな単位に落とし込むだけでなく、今度は目標を「具体的な習慣行動」に置き換えます。できるだけイメージしやすく、そして続けやすい、具体的なアクションを選ぶことが重要です。「（ただ「運動をする」ではなくて）朝夜30分ずつランニングする」「（ただ「知識をつける」ではなくて）週に2冊〝生産財マーケティング〟に関する本を読む」「（ただ「メンバーと密にコミュニケーションする」ではなくて）メンバー2人と15分間、異業界の気になるニュースについて雑談する）」など、自分事に思え、「達成できたかどうかが即座に判断できる」ような言葉で表すことがポイントです。

コツ③継続するための「仕組み」を準備する

　つけ加えると、「やり抜く」ための初動として、〝手ざわり感〟がある、具体的な行動目標に落とし込んだら、それを継続するための仕組みを作ることが重要です。単純ですが、机の前に習慣行動の張り紙をするとい

うのもその一つです。それだけでなく、手帳やスマホのカレンダーやメモ帳にチェック欄を予め作っておく、パソコンのデスクトップに載せておく、周囲にその行動を宣言する、身近な人に毎日リマインド（監視）してもらう、上司から定期的にフィードバックをもらうなど、さまざまな"合せ技"で仕組み化することが有効です。

②「やるべき」より「やりたい」「やれる」を優先する

目標達成に向けて「やり抜く」ための２つめのポイントは、３日坊主に終わらず、コツコツと続けられそうな行動目標を設定するということです。１つめのポイントで押さえたような、身近で具体的な行動になっていたとしても、あるいは、目標の達成に対して効果的な行動になっていたとしても、それが我慢、無理、努力を大きく強いるようなものでは、やり続けることは不可能です。

ここでのキーワードは「楽」。「楽しめる」＋「楽にできる」ということです。順に見ていきましょう。

「楽しめる」ものを優先する

一昔前は、冒頭ケースのように、「仕事や研鑽は楽しいものではなく、"やるべきこと（Should）"であり、高邁な目標を掲げ、なんとしてもやり抜くものだ」という風潮がありました。しかし、このレガシーな見方を改めることが必要です。今の世の中、そればかりでは、特に打たれ弱いと言われている若い人たちがついてきませんし、それ以上に、持続可能なものは"やりたいこと（Will）"＝"好きで楽しめること"が原動力になっていることが多いということを認識すべきです。

一橋大学の楠木建教授は、スポーツ選手や企業経営者へのコーチングやコンサルティングを営む秦卓民さんとの対談の中で、偉大なことを成し遂げている一流の人に共通するのは「努力の娯楽化」であると言っています。好きなことだからこそ、無理をしないで頑張れる。頑張れるものだからこそ、続けられる。続けられるものだからこそ、成し遂げられ

CHAPTER

1 When

2 Where

3 Who

4 Why

5 What

6 How

る、ということです。

　いくら必要なことでも、やりたくないものを我慢してやっても、（特に昨今では）続かないのです。したがって、同じ目標をねらうにしても、一つのやり方に固執するのではなく、できるだけ好きな手段、楽しく行なえるような方法を選ぶことが大切です。

「やせる」にしても運動が好きでないならば、今の時代ならいくらでもそれ以外の自分の好みに合い、楽しみながら行なう方法があります。「業務の知識を得る」にしても、一人で本を読むのが苦手ならば、交流型のセミナーや勉強会、楽しくて内容が充実したマンガや動画など、さまざまな媒体や手段が広がっています。また、勉強なども、状況が許すならば、嫌いな項目は後回しにし、好きな項目を先にやるという柔軟性も大事です。好きなものをやって、達成できるものが積み重なってくると、どんどん自信がついてきます。

「自分の能力は経験や努力を重ねることによって高めることができる」という考え方を「拡張的知能観」と言います（これに対して、「個人の知能は生まれたものとして固定されている」という考え方を「固定的知能観」と呼びます）。「拡張的知能観」を強く実感できると、他のことでも同様に諦めずに頑張れるようになるということがわかっています*。そのためには、好きなことをできるだけ優先するのです。

「楽にできる」ことから始める

　"やるべきこと（Should）" よりも "やれること（Can）" を優先します。上述の「楽しめる」の内容に重なるところもありますが、私たちは行動目標を立てるとき、周囲の目を気にするあまり、どうしても最初から手ごわい行動目標を立てがちです。

　これまで１日に 10 数件しか電話したことがなかったのに、いきなり「毎日 50 件のコールドコールをする」、これまで製造現場には１日１回 20 分程度しか見回りに行かなかったのに、急に「朝昼晩、製造現場に 30 分ずつ立ち寄って、オペレーターとコミュニケーションを図る」など、野心的

な目標を打ち立てても、数日は続いたとしても継続は難しいものです。

コツは、はなから完璧を目指すのではなく、「やる意味がないと思えるくらい、易しい行動」から始めるということです。「就寝前に1時間読書をする」ではなくて「10分、3ページだけ読む」「部下と毎日1時間話し合う」ではなくて「毎朝10分間、部下の話を聞く」というふうにです。「無理をしない」ことは「頑張らない」ことではありません。続けることが結果的に頑張っている状態につながるのです。

26ヵ国以上で活躍し、自己変革に造詣の深い、エグゼクティブコーチのサビーナ・ナワズ氏は、ハーバード・ビジネス・レビューの中で、これまで多くのリーダーの自己変革をコーチングしてきた経験から、「本当に変わりたい、本当に大きなことを成し遂げたいのであれば、ばかばかしいほど小さな習慣を選んで始める」、そして「しばらくは行動目標を大きくしない（我慢する）」ことが肝要であると述べています。

氏はまた、次のような体験談を紹介しています（以下引用）「私がジムで走る習慣を身につけようとしたとき、最初に実践した小さな習慣は、寝る前にジム用のウェアを用意し、翌朝まずそのウェアに着替えるというものだった。そうやってジムに通う習慣が身につくと、次に取り入れた小さな習慣は、毎日トレッドミルで10分間歩くことだった。2年後、私はついに10キロのレースに出場した。これは、それまで数十年にわたり目指していたけれど、達成できずにいたことだった。小さな習慣は、達成困難に見えた目標を達成可能なものに変えたのである」。

多忙な日々の中、つらいものは続かないと経験的にわかっているのに、高邁な目標こそ自分を奮い立たせるものだとの固定観念で、重荷を背負ってしまう。しかし、続かないことが見えてくると言い訳を探したり、うやむやにしたりしてしまう。次第に「自己効力感」が弱くなり、挑戦することすら諦めてしまう。こんな悪循環にはまらないためにも、「楽にできそうなこと」から着実に始める（メンバーに始めてもらう）ことが重要です。

メンバーに本当にやり続けてもらうには、「その行動目標は楽しみな

CHAPTER

1 When

2 Where

3 Who

4 Why

5 What

6 How

がらできそうか？ 楽に始められそうか（やれそうか）？」を問いかけることが大切です。

③ 現実を直視した「慎重なポジティブ思考」を持つ

目標達成に向けて「やり抜く」ための３つめのポイントは、現実を直視し、「慎重なポジティブ思考」をするということです。身近で具体的な行動目標・計画を立て、好きで容易な行動から始めたら、常に実践状況をモニタリングすることが重要なのです。

マラソンのように、「これだけ頑張ってきた」という、これまでの道のりと、「あとこれだけやるのだ」という、これからの目標までの距離を常に客観的に確認しながら走っていきます。目標に向けて走っている途上では、ポジティブであってもどこか冷静でなくてはなりません。

具体的な行動計画を立て、好きで手のつけやすい行動から始めることができると、気の早い人は「お膳立てはできたから達成できるだろう」「成功はすでに手中にあるだろう」という錯覚に陥りやすくなります。冒頭ケースの殿与のような、「できると望んでいれば、打ち勝てるものだ」という類の過剰なポジティブ発想は危険なのです。

米国コロンビア大学の心理学教授のハイディ・グラント・ハルバーソン氏は、著書『やり抜く人の９つの習慣　コロンビア大学の成功の科学』の中で、目標に向かって努力するとき、ポジティブに「きっと達成できる」と考えることは大切だが、「成功を望めば、手に入る、実現できる」という、安易に解釈した「引き寄せの法則」は危険であり、「現実的な楽観主義者になる」ことが重要だと警鐘を鳴らします。そして、ダイエットに関する、以下のような研究結果を紹介しています。

ある心理学者は、病的に肥満している女性たちを対象にしたダイエットプログラムの実施前に「このダイエットに成功できると思うか」を聞き、その質問に「成功できると思う」と答えた人は、「わからない」と答えた人より13kgも減量に成功するという結果を得ました。

ここまではある程度予測できることです。実はこの心理学者は参加者たちに、もう一つ別の質問をしていました。その質問は「食べ物の誘惑に打ち勝つのは大変だと思うか」というものです。

　その結果は驚くべきものでした。「簡単に食べ物の誘惑に打ち勝てる」と答えた人は、「そう簡単にはいかない」と答えた人に比べて 13kg も重いままだったのです。他にもさまざまな分野で同様のパターンが発見されているのだそうです。

　ハルバーソン氏が指摘するように、マネジャーとして、「君ならきっとできる」と自信を持ってもらうこと、ポジティブに考えてもらうことは、目標達成に向けてのメンバーのやる気を高め、維持する上で不可欠なことです。しかし同時に、「目標を達成するには、そう簡単なことではない。相応の困難（難所）を乗り切らねばならない。それらから決して逃げずに、一緒に乗り切っていこう」と、共に"覚悟"を決めることも重要なのです。

　そしてさらに、前項の「"難所"の共有化」で触れたように、「その困難（難所）とは何か？」「どこでつまずきそうか？」を事前に共有し、対応策をできる限り用意しておくことが大切です。

ゴダイチの解説　殿与 はどうすればよかったのか？

　では冒頭のケースを見てみましょう。テーマは 5W1H 最後の「How：どのように行なうか？」、つまり、実行フェーズにおいて、メンバーに「いかにやり抜いてもらうか」ということです。

　課長の殿与は、メンバーの渡井と、渡井が考えてきた新年度の「研鑽目標（＝主に能力開発面の目標）」について検討し、アドバイスを与えるところです。

　渡井には目標を立てても、それに向けてやり抜くことができないという長年の課題があります。

CHAPTER

1 When

2 Where

3 Who

4 Why

5 What

6 How

237

そんな渡井の研鑽目標は以下のようなものです。

・仕事の効率を高めるべく、身の回りを常に整頓する

・調達業務に必要な原価の知識を身につける

・製造部門の人たちと良好な人間関係を築く

　読んでわかるように、大まかな目標としてはよいかもしれませんが、これらを「どのようにやるのか」、具体的な行動目標に落とされていません。これでは達成できたかどうかもわからないでしょう。

　殿与はマネジャーとしてまずその点を指摘すべきですが、「どれもいろいろな手段が考えられそうだから、これでいいのではないか」で済ませてしまっています。

　「いろいろな手段が考えられる」ということは、目標が抽象的で、集中すべき、具体的な行動が定まっていないということです。ここでは1つめのポイントとして押さえたように、たとえば、「"手でさわれるくらい"身近で、具体的な行動（目標）に落とし込まれているか？」を問いかけ、渡井が継続できそうな行動に一緒に落とし込んでいく営みが必要でしょう。

　渡井の3つの目標は、たとえば以下のように具体的な行動目標に落とせそうです。

・毎日、帰社時には使った書類や用具を決められた場所に戻し、机の上には何も置いていない状態にする

・ベテランK役員お薦めの「調達・購買選書20冊」を読破する。2週間に1冊のペースで読了するために、平日は毎日就寝前に20分（20ページ）読書する

・週に1度水曜日（夕方）に、製造部の社員（15名）1人ずつと30分話す時間を取る。そのために、さっそくカレンダーに、向こう3ヵ月分の予定を入れてしまう

ここまで"手ざわり感"のある行動目標に落とし込めれば、メンバーも実行しやすくなるはずです。

　また、前述のように、殿与のアドバイスは、「仕事や研鑽は我慢して"やるべきこと（Should）"であり、楽しいものじゃない。高い目標を掲げ、強い精神力で自分にむち打つことが必要」という根性論的な内容です。

　しかし、こんな従来型の研鑽スタイル一色では今の若い人たちは引いてしまいますし、長続きしません。好きで楽しめる要素があるからこそ、やり続けられるし、新しいアイデアも出てきやすいのです。

　仕事や研鑽は、"やるべきこと（Should）"、"やりたいこと（Will）"、"やれること（Can「時間的にやれる」と「能力的にやれる」の2つある）"の3つのバランスを取ることが大事です。

　そして、意欲の向上が必要なメンバーにやり抜いてほしいならば、"やりたいこと（Will）"、"やれること（Can）"に軸足を置き、まずは自信をつけてもらう、成長実感を持ってもらうことが必要でしょう。

　もちろんその過程で苦労することがあっても、好きで得意なことであれば頑張れるはずです。したがって、メンバーに本当にやり続けてもらうには、「その目標行動は楽しみながらできそうか？ 楽に始められそうか（やれそうか）？」を問いかけ、スムーズなスタートが切れるように中身を吟味し、背中を押してあげることが大切です。

　加えて、前述のように、殿与が最後に示した「"できるものだ"と楽観的にとらえることが大事」と言い放つだけでは"楽観的"すぎます。「そう簡単なことではない。何らかの困難が生じるはず。どんな障害やリスクがありそうかを事前に考えて、対処しておこう」という「慎重なポジティブ思考」を持って接したいものです。

CHAPTER

1 When

2 Where

3 Who

4 Why

5 What

6 How

⑱Howの問いかけ "手ざわり感"のある行動目標化

「（ただ）具体的な行動になっているか？」
→「"手でさわれるくらい"身近で、具体的な（現実味のある）行動目標に落とし込まれているか？」

「その目標行動は大きくて挑戦的なものか？」
→「その目標行動は楽しみながらできそうか？ 楽に始められそうか？」

シンプルに始めて、パワフルに動かす

「○○君、例のあれ、な！」

　自分の机からこんな指示ひとつで、部下が動いてくれていた時代は終わりました。

　プロローグでも触れたように、VUCA時代の今日、働く人や働き方は多様化し、仕事は細分化され、「あうんの呼吸」や「暗黙の了解」はもはや通用しなくなりました。

　さらに追い打ちをかけるように、コロナの襲来です。

　マネジャーとメンバーが、物理的に離れたリモート環境でのワークスタイルを一気に進めざるを得なくなった結果、これまでのリアルな対面状況の中ではなんともうまい具合に塗り隠されてきた「マネジメントの手抜き」が至るところで露見しています。

　もちろん、「手抜き」との烙印は押されたくない、でも限られた時間とエネルギーの中でどうすればよいか、多くのマネジャーが悩んでいる状況にあります。

　しかし、こんな状況を救ってくれる有力な味方の一つが、誰もが知る思考の枠組み「5W1H」をベースにした、シンプルでパワフルな問いかけの技術です。これによって、メンバーにより良く考え、より良く動い

てもらうことができれば、それは「手抜き」ではなく、「効果的」なマネジメントに転換します。

　本書の内容をごく簡単におさらいすると、以下のようになります。

　部下の視点・意見・提案に対し、

　・When（時間・過程軸）：「時間的インパクト（変化）」を問う

　・Where（空間・場所軸）：事象の「全体像・重要箇所」を問う

　・Who（人物・関係軸）：明確な「ターゲット」の視点を問う

　・Why（目的・理由軸）：より上位の「目的・未来の姿」を問う

　・What（事象・内容軸）：「だから何？・違いは何？」を問う

　・How（手段・程度軸）：「施策の判断基準・実行の難所」を問う

　こうした5W1H軸の基本スタンスを持ちながら、より具体的に展開したパワフル・クエスチョンを取り入れていただければ、私は育成も成果もどんどんうまくいくと確信しています。

　そう、まさに本書のアイコン、ゴダイチが「5W1H」を自在に活用し、大きな成果を上げていったように。

　ぜひ多くのマネジメントの場面で活用していただき、新しいマネジメントスタイルへの突破口を開いていっていただければうれしく思います。

最後になりますが、これまで多くの貴重な示唆を与えてくださった経営者、マネジャーの皆さん、現場での悩める状況をリアルに教えていただいたクライアントや受講者の皆さん、一緒に切磋琢磨してくれている会社の仲間たち、いつも叱咤激励してくれている友人たちに、この場を借りてお礼を申し上げます。

　そして、いつも寄り添い、支えてくれる家族に感謝します。

2021 年 3 月　桜の開花が間近に迫った吉日

渡邉 光太郎

5W1Hマネジメント
18の問いかけチェックリスト

CHAPTER 1 ｜When｜ 時間・過程軸

キースタンス：部下の意見・提案の、「時間的インパクト」を問う

5W1Hの技術	有効な問いかけの例
時間ずらしの仮定	「このままいくと、（長期的には）どんなことが起こりそうか?」 「仮に半分の時間でやるとすれば、どういう方法があるか?」
プロトタイピング志向	「（じっくり考えて、いい提案を持ってきてくれないか? ではなくて）粗くていいから、早め（○○まで）に持ってきてくれないか?」
プロセスの映像化	「どんなプロセス（時間の過程）で起こっているのか?」 「プロセス上のどの部分が問題か?」

CHAPTER 2 ｜Where｜ 空間・場所軸

キースタンス：部下にはまず、「どこの話?」「どこが問題?」と「重点箇所」を問う

5W1Hの技術	有効な問いかけの例
ガバニングコミュニケーション	「まず全体像は何か? その中で"どこ"の話をしているのか?」 「全体像を示して（分けて）から話してほしい」
"どこ・なぜ"順のクエスト	「（"なぜ"悪いのか? の前に）"どこ"が悪いのか?」 「目標との差分は"どこ"か?／次の行動では"どこ"を変えるのか?」
遠心力のアドバイス	「その事象や施策（行動）が影響を与える／受ける範囲はどこか（1〜2周り外側にはどんな要素があるか）?」

CHAPTER 3 ｜Who｜ 人物・関係軸

キースタンス：部下の意見・提案に対し、明確な「ターゲット・関係者」の視点を問う

5W1Hの技術	有効な問いかけの例
"だれ"視点の明確化	「（何を伝えるか? の前に）誰に伝えるのか?」 「（自分のイイタイコト の前に）相手のキキタイコトは何か?」
人物関係性の俯瞰	「この会社（組織）の"誰"に、何を訴求するのか?」 「特に影響力のある人（キーパーソン）は誰か? 陰の影響者は誰か?」
視座転換の働きかけ	「それは、"国家人"、"地球人"、"宇宙人"から見ると、どう見えるだろうか?」 「社長（部長）だったら、何と言うだろうか?」

CHECKLIST

1 When

2 Where

3 Who

4 Why

5 What

6 How

CHAPTER 4 ｜Why｜目的・理由軸

キースタンス： 部下の質問・提案の、「より上位の目的（意図）・未来の姿」を問う

5W1Hの技術	有効な問いかけの例
"A&Q思考"の習慣化	「相手（部下）が本当に聞きたい、より上位の問い（目的・背景）は何か?」（自問）
"VBC"の場作り（Visual Backcasting）	「（今何をすべきか? ではなくて）未来はどうなっているだろうか?」 「（なぜそれをすべきか? ではなくて）それにより、どんなことが実現できそうか?」
"3M"視点での原因究明	「（Man［人的］要因・Mono［物的・技術的］要因で思考を止めず）大本のManagement［仕組み］レベルの原因は何か?」

CHAPTER 5 ｜What｜事象・内容軸

キースタンス：部下に「何（事象）?」のみならず、「だから何（仮説）?」「違いは何（比較）?」を問う

5W1Hの技術	有効な問いかけの例
アクショナブルワードへの変換	「それって、誰が、何を、いつ、どの程度、どのようにするってことか?」 「その言葉、中学生でもわかる言葉に置き換えるとどうなるか?」
"3層+比較"の構造化	「"何を（する）"だけでなく、「何のために」と「どのように」をセットで言えるか?」 「（ただ"何をするのか?"ではなくて）何はしないで"それ"をするのか?」
仮説思考のクセづけ	「（ただ"何が起きているのか?"だけではなくて）だから何が言えそうか?」 「あなたの仮説は何か?」

CHAPTER 6 ｜How｜手段・程度軸

キースタンス：部下の対策提案に対し、「選択の判断基準」や「実行の難所」を問う

5W1Hの技術	有効な問いかけの例
判断基準の先行明確化	「目的達成のための他の施策は検討したか（他にどんな手段があるか）?」 「（議論の早い段階で）どんな基準で施策の可否（是非）を判断するか?」
難所の共有化	「その施策（プラン）を行なう上で、どこでつまずきそうか? どこが難しそうか?」
"手ざわり感"のある行動目標化	「"手でさわれるくらい"身近で具体的な行動目標に落とし込まれているか?」 「その目標行動は楽しみながらできそうか? 楽に始められそうか?」

参考文献

はじめに
・『ゾウの鼻が長いわけ　キプリングのなぜなぜ話』ラドヤード・キプリング著、平澤朋子画、藤松玲子訳（岩波少年文庫）2014 年

PROLOGUE
・『ニュータイプの時代』山口周著（ダイヤモンド社）2019 年
・「第 4 回上場企業の課長に関する実態調査」産業能率大学ウェブサイト（https://www.sanno.ac.jp/admin/research/kachou2018.html）
・『ハーバード流　逆転のリーダーシップ』リンダ・A・ヒル他著、黒輪篤嗣訳（日本経済新聞社）2015 年
・『トム・ピーターズの起死回生』仁平和夫訳（阪急コミュニケーションズ）1998 年〔邦訳は絶版。原著は The Circle of Innovation: You Can't Shrink Your Way to Greatness〕

CHAPTER 1
・『アマゾンで学んだ！伝え方はストーリーが 9 割』小西みさを著（宝島社）2019 年
・リクナビ 2019、ヒロセ電機株式会社（最新 2022 年版は https://job.rikunabi.com/2022/company/r702600015/）
・ヒロセ電機株式会社、IR 情報（https://www.hirose.com/corporate/ja/ir/）
・『プロフィット・ピラミッド』浪江一公著（ダイヤモンド社）2007 年
・「『時間』が企業の勝負を支配する時代 時間優位の競争戦略【第 1 回】」平井 孝志 ハーバード・ビジネス・レビュー 2017.10.19（https://www.dhbr.net/articles/-/5058）
・『仕事で必ず結果が出るハイパフォーマー思考』渡邉光太郎著（PHP 研究所）2019 年
・『直感と論理をつなぐ思考法　VISION DRIVEN』佐宗邦威著（ダイヤモンド社）2019 年
・「品質を犠牲にすることでソフトウェア開発のスピードは上がるのか？ 和田卓人氏による『質とスピード』（前編）（後編）」（2020 年 2 月 26 日）、Publickey（https://www.publickey1.jp/blog/20/_2020.html）（https://www.publickey1.jp/blog/20/_2020_1.html）
・『改定 3 版　グロービス MBA クリティカル・シンキング』グロービス経営大学院（ダイヤモンド社）2012 年

CHAPTER 2
・「あなたの話が伝わらない理由。言いたいことを、最大限に伝える "説明力"」工藤昌幸、株式会社日立ソリューションズ、ウェブサイト（https://www.hitachi-solutions.co.jp/column/tashinami2/setsumei/）
・『アマゾンで学んだ！伝え方はストーリーが 9 割』小西みさを著（宝島社）2019 年
・『超・箇条書き「10 倍速く、魅力的に」伝える技術』杉野幹人著（ダイヤモンド社）2016 年
・「日本の上司はしゃべりすぎ。プロコーチが考える部下のポテンシャルを引き出す『いい聞き方』とは」櫻井一紀、iX キャリアコンパス（https://ix-careercompass.jp/article/1012/）
・『トヨタ式 5W1H 思考　カイゼン、イノベーションを生む究極の課題解決法』桑原晃弥著（KADOKAWA）2018 年
・『改定 3 版　グロービス MBA クリティカル・シンキング』グロービス経営大学院（ダイヤモンド社）2012 年
・『〜仕事で結果を出す〜思考力を高める超！「5W1H」』渡邉光太郎著（JTEX：日本技能教育訓練センター）2020 年
・『ビジュアル　ロジカル・シンキング』平井孝志、渡部高士著（日経文庫ビジュアル）2012 年
・『仕事で必ず結果が出るハイパフォーマー思考』渡邉光太郎著（PHP 研究所）2019 年
・グロービス経営大学院「MBA 用語集」（https://mba.globis.ac.jp/about_mba/glossary/）

CHAPTER 3
・『改定 3 版　グロービス MBA クリティカル・シンキング』グロービス経営大学院（ダイヤモンド社）2012 年
・『入社 1 年目から差がつくロジカル・シンキング練習帳』グロービス、岡重文著（東洋経済新報社）2020 年
・『グロービス MBA で教えているプレゼンの技術　人を動かす勝利の方程式』グロービス、吉田素文著（ダイヤモンド社）2014 年
・Globis 学び放題（動画学習サービス）『プレゼンテーションスキル』（https://hodai.globis.co.jp）
・『〜仕事で結果を出す〜思考力を高める超！「5W1H」』渡邉光太郎著（JTEX：日本技能教育訓練センター）2020 年
・『法人営業 利益の法則』山口英彦著（ダイヤモンド社）2009 年
・「DMU（意思決定者）と購買意思決定プロセス」株式会社シナプスウェブサイト マーケティング用語集（https://cyber-synapse.com/dictionary/en-all/dmu_purchasingprocess.html）
・グロービス経営大学院「MBA 用語集」（https://mba.globis.ac.jp/about_mba/glossary/）
・パナソニック「レッツノート」ウェブサイト（https://biz.panasonic.com/jp-ja/products-services/letsnote）（https://panasonic.jp/cns/pc/index.html）
・「売れる販促戦略には欠かせない！STP 分析とは？」リコーのマーケティング支援ウェブサイト、2018.11.01、更新日 2020.04.01（https://drm.ricoh.jp/lab/glossary/g00037.html）
・「マーケティングとは？ 定義から実際のやりかた、成功事例までまとめて解説！」株式会社 WACUL AI アナリストブログ、2017.10.02、更新 2019.07.04（https://wacul-ai.com/blog/marketing/marketing-terms/marketing/）

・『仕事で必ず結果が出るハイパフォーマー思考』渡邉光太郎著（PHP 研究所）2019 年
・『世界標準の「部下の育て方」「モチベーション」から「エンゲージメント」へ』田口力、KADOKAWA）2019 年
・『できるリーダーは「これ」しかやらない』伊庭正康著（PHP 研究所）2019 年
・『フィードバック入門』中原淳著（PHP ビジネス新書）2017 年

COLUMN
・『対話型ファシリテーションの手ほどき（国際協力から日々の日常生活まで、人間関係をより良いものにするための方法論）』中田豊一著（認定 NPO 法人ムラのミライ）2015 年
・『「問う力」が最強の思考ツールである』井澤 友郭著、吉岡太郎監修（フォレスト出版）2020 年
・『ジョブ理論　イノベーションを可能にする消費のメカニズム』クレイトン・M・クリステンセン他著、依田光江訳（ハーパーコリンズ・ジャパン）2017 年
・『アフターデジタル』藤井保文、尾原和啓著（日経 BP 社）2019 年

CHAPTER 4
・『〜仕事で結果を出す〜思考力を高める超！「5W1H」』渡邉光太郎著（JTEX：日本技能教育訓練センター）2020 年
・『できるリーダーはこれしかやらない』伊庭正康著（PHP 研究所）2019 年
・『フィードバック入門』中原淳著（PHP ビジネス新書）
・『仕事で必ず結果が出るハイパフォーマー思考』渡邉光太郎著（PHP 研究所）2019 年
・『右脳思考　ロジカルシンキングの限界を超える観・感・勘のススメ』内田和成著（東洋経済新報社）2018 年
・『ハーバード流　逆転のリーダーシップ』リンダ・A・ヒル他著、黒輪篤嗣訳（日本経済新聞出版社）2015 年
・『ニュータイプの時代』山口周著（ダイヤモンド社）2019 年
・『メンバーが勝手に動く最高のチームをつくる　プレイングマネジャーの基本』伊庭正康著（かんき出版）2019 年
・「平成の事件：JR 福知山線脱線事故は史上最悪の鉄道事故。事故から約 15 年が経過する今、改めて事故を振り返る。」ビズキャリ Online 2020.05.20（https://business-career.jp/articles/2wlZbKOzewXbmg5nrDYk?page=3）
・「失敗事例：福知山線脱線事故」失敗学会失敗知識データベース（http://www.shippai.org/fkd/cf/CZ0200711.html）
・『ビジョナリーカンパニー 2　飛躍の法則』ジェームズ・コリンズ著、山岡洋一訳（日経 BP）2001 年
・『改定 3 版　グロービス MBA クリティカル・シンキング』グロービス経営大学院（ダイヤモンド社）2012 年

CHAPTER5
・『改定 3 版　グロービス MBA クリティカル・シンキング』グロービス経営大学院（ダイヤモンド社）2012 年
・『〜仕事で結果を出す〜思考力を高める超！「5W1H」』渡邉光太郎著（JTEX：日本技能教育訓練センター）2020 年
・『超・箇条書き「10 倍速く、魅力的に」伝える技術』杉野幹人著（ダイヤモンド社）2016 年
・『ニュータイプの時代』山口周著（ダイヤモンド社）2019 年
・『WHY から始めよ！　インスパイア型リーダーはここが違う』サイモン・シネック著、栗木さつき訳（日本経済新聞出版社）2012 年
・『地頭力のココロ』細谷功著（SB クリエイティブ）2009 年
・『仮説思考　BCG 流問題発見・解決の発想法』内田和成著（東洋経済新報社）2006 年
・『アブダクション　仮説と発見の論理』米盛裕省著（勁草書房）2007 年
・『問題解決力を高める「推論」の技術』羽田康祐著（フォレスト出版）2020 年
・『ビジネス仮説力の磨き方』グロービス、嶋田毅著（ダイヤモンド社）2008 年
・『新版　問題解決プロフェッショナル「思考と技術」』齋藤嘉則著（ダイヤモンド社）2010 年

CHAPTER 6
・『改定 3 版　グロービス MBA クリティカル・シンキング』グロービス経営大学院（ダイヤモンド社）2012 年
・『〜仕事で結果を出す〜思考力を高める超！「5W1H」』渡邉光太郎著（JTEX：日本技能教育訓練センター）2020 年
・『できるリーダーはこれしかやらない』伊庭正康著（PHP 研究所）2019 年
・『世界標準の「部下の育て方」「モチベーション」から「エンゲージメント」へ』田口力著（KADOKAWA）2019 年
・『新版　グロービス MBA リーダーシップ』グロービス経営大学院（ダイヤモンド社）2014 年
・「カロリーとは」株式会社タニタ、ウェブサイト（https://www.tanita.co.jp/health/detail/28）
・「一流の人は『努力の娯楽化』という共通点がある　持続可能なものは『好き』を中心に生まれる」楠木建、秦卓民、東洋経済オンライン 2020.03.26（https://toyokeizai.net/articles/-/336939）
・『マインドセット　「やればできる！」の研究』キャロル・S・ドゥエック著、今西康子訳（草思社）2016 年
・『大きな目標を達成したければ、小さな習慣から始めなさい　自己変革に成功する 5 つのステップ』サビーナ・ナワズ、ハーバード・ビジネス・レビュー、2020.03.03（https://www.dhbr.net/articles/-/6551）
・『やり抜く人の 9 つの習慣　コロンビア大学の成功の科学』ハイディ・グラント・ハルバーソン著、林田レジリ浩文訳（ディスカヴァー・トゥエンティワン）2017 年
・『行動する勇気』杉山大輔著（フォレスト出版）2014 年

（URL は 2021 年 3 月 20 日現在）

著者紹介

渡邉 光太郎 （わたなべ・こうたろう）

ビジネスコンサルタント。思考術コンサルタント。早稲田大学卒業、英国国立レスター大学経営
大学院修了。東芝において、国内外の通信機器の事業戦略・マーケティング戦略・アジア系企業
との合弁計画立案・実行等を担当。その後、大手シンクタンクに移り、民間・公共（官公庁等）
のマーケティング・リサーチ、政策・戦略立案、コンサルティング等に従事。

留学後、MBA教育を手がけるグロービスの企業研修部門の管理職として、人材開発、組織変革
のコンサルティング、講師活動等に携わる。現在は、株式会社ランウィズ・パートナーズの代表
として、企業の事業戦略立案・業務改革推進・組織開発・組織文化改革の伴走コンサルティング、
グロービスのパートナー・ファカルティ、早稲田大学オープンカレッジの講師、セミナーや企業
研修の講師に従事するほか、フラワースタジオの経営等も行なっている。

著書に、『シンプルに結果を出す人の5W1H思考』『マンガでわかる！5W1H思考』（すばる舎）、
『仕事で必ず結果が出る ハイパフォーマー思考』（PHP研究所）、共訳書として、『MITスローン・
スクール戦略論』（東洋経済新報社）がある。

Facebook：https://www.facebook.com/kotaro.watanabe0912
Twitter：https://www.twitter.com/kotaro_wata0912

シンプルに人を動かす　5W1Hマネジメント

2021年 4月23日　　第1刷発行

著　者───渡邉 光太郎
発行者───徳留 慶太郎
発行所───株式会社すばる舎
　　　　　　東京都豊島区東池袋 3-9-7 東池袋織本ビル　〒170-0013
　　　　　　TEL 03-3981-8651（代表）　03-3981-0767（営業部）
　　　　　　FAX 03-3981-8638
　　　　　　http://www.subarusya.jp/
印　　刷───シナノ印刷株式会社

購入者限定

スペシャルE-Book
無料ダウンロードサービス

※画像はイメージです。

本書には載っていない
「5W1Hマネジメント」
〜18の技術が各1ページで理解できる
要約ハンドブック〜

ダウンロード方法

以下のURLにアクセスしてください。
https://runwithpartners.com/special/handbook

・遷移先のフォームからpdfファイルをダウンロードできます。
・この特典は予告なく内容を変更、公開を終了する可能性があります。
・本特典に関するお問い合わせは、すばる舎ではなく株式会社
ランウィズ・パートナーズ渡邊(kotaro.watanabe0912@gmail.com)
までお願いいたします。

以下、著者ホームページ・ブログもご覧いただければ幸いです。

HP: https://runwithpartners.com

Blog: https://note.com/kotaro_watanabe